Prefacio de Mauricio Beuchot

HERMENÉUTICA BÍBLICA ANALÓGICA

PROPUESTA Y ANÁLISIS HERMENÉUTICO

George Reyes

Segunda edición modificada y ampliada

Prefacio de Mauricio Beuchot

HERMENÉUTICA BÍBLICA ANALÓGICA

PROPUESTA Y ANÁLISIS HERMENÉUTICO

George Reyes

Segunda edición modificada y ampliada

© 2021 George Reyes

© 2021 Publicaciones Kerigma

© 2021 Publicaciones Kerigma
Salem Oregón, Estados Unidos
http://www.publicacioneskerigma.org

Todos los derechos son reservados. Por consiguiente: Se prohíbe la reproducción total o parcial de esta obra por cualquier medio de comunicación sea este digital, audio, video escrito, salvo para citaciones en trabajos de carácter académico según los márgenes de la ley o bajo el permiso escrito de Publicaciones Kerigma.

Diseño de Portada: Publicaciones Kerigma

Editor: Abner B. Bartolo H.

2021 Publicaciones Kerigma
Salem Oregón
All rights reserved

Pedidos: 971 304-1735

www.publicacioneskerigma.org

ISBN: 978-1-948578-86-8

Impreso en Estados Unidos

ÍNDICE

Prefacio de Mauricio Beuchot
Presentación del editor

I. Planteamiento sobre la hermenéutica
contemporánea: "La historia triste" 13

II. Panorama epistemológico hermenéutico
fundacionalista y posfundacionalista
en Latinoamérica 25

III. El problema hermenéutico de la
contextualización del lector en el
acercamiento al texto bíblico 35

IV. El impacto hermenéutico de la contextualización
del lector en el acercamiento al texto bíblico 47

V. Ética hermenéutica y hermenéutica de fe en el
proceso de interpretación 67

VI. Hermenéutica analógica para el texto bíblico
en general 89

VII. Verdad y racionalidad hermenéutica analógica 101

Epílogo 128

Bibliografía 137

PREFACIO DE MAURICIO BEUCHOT

George Reyes nos entrega un interesante libro en el que desarrolla una teoría hermenéutica y una hermenéutica analógica bíblica. Se trata de un intento de liberación de ese tipo de textos y de su hermenéutica. Contiene una propuesta muy original, como es una hermenéutica bíblica, la cual es una aportación propia del autor, porque muy poco se ha trabajado en ese sentido.

Reyes comienza con el planteamiento del problema contemporáneo del texto. Percibe una triste historia del texto, pues señala a grandes trazos el penoso recorrido de la hermenéutica por el tiempo, llegando a sus grandes exponentes contemporáneos, como Hans-Georg Gadamer. Asimismo, indica los supuestos fundamentales de esta disciplina, incluyendo los sociales y políticos, pues no está exenta de ellos.

Pasa a mostrar su objetivo, estrategia y lectores. Su objetivo es llenar una laguna en los estudios teológicos, pues faltan mucho los ensayos teóricos y, además, las aplicaciones. Así, construirá una hermenéutica bíblica, la cual es muy necesaria para la teología, y lo hará en la perspectiva de la hermenéutica analógica, lo cual es ya una aportación suya, una aplicación novedosa de ésta. Con ello se tendrá un texto bíblico más puro, consciente de la epistemología con la que se llega a él. Además, su estrategia será, por lo mismo, adoptar un enfoque epistemológico, para discernir lo propio del texto y contaminarlo lo menos posible de las adherencias históricas, y llegando a una ética o moral. Los destinatarios son las personas concernidas con la interpretación de la Biblia, ya sea para el estudio o para la predicación.

Viene en seguida el panorama epistemológico de la hermenéutica, y me parece un acierto del autor el situarlo en América Latina y en la actualidad. En efecto, la modernidad europea fue univocista, es decir, tuvo una pretensión exagerada de comprender el texto sagrado con toda claridad. Se dio como el caso de los constructores de la Torre de Babel, que quisieron la univocidad, pero fueron confundidos por Dios y se hundieron en la mayor equivocidad pensable. Por eso ahora laboramos para librarnos del univocismo de la modernidad y del equivocismo de la posmodernidad. Y se requiere una postura intermedia y mediadora, que es la de la analogía, la cual es humildad frente al misterio, es decir, ante la riqueza tan grande de la Sagrada Escritura.

La epistemología univocista ha sido la de los racionalismos, cientificismos o positivismos, en la filosofía analítica, con la presunción de exactitud en la interpretación. Pero ha venido el rechazo de esto y su contraparte, que es la epistemología posmoderna, para la cual no hay criterios firmes de verdad, todo es débil y se diluye en el aire. Es cierto que la posmodernidad ha traído algunas cosas buenas, como la crítica de la razón prepotente de la modernidad, pero ha exagerado el irracionalismo, en forma de relativismo extremo.

Reyes aborda el problema hermenéutico de la historia efectual en el acercamiento al texto bíblico. Recupera la tesis de Gadamer de la historicidad de toda interpretación, ya que está ubicada en el tiempo; depende de sus antecedentes y va a surtir efectos para los presentes y futuros. Por eso hay que tener una conciencia histórica, pero que no nos derrumbe en el historicismo, a saber, en ese relativismo de que todo depende del momento, sin que haya una verdad más general. El propio Gadamer combatió dicho historicismo. Por eso hay que jugar con lo que Ricoeur llama aproximación y distanciamiento con respecto al texto, desde nuestro momento hacia el suyo.

En cuanto a la hermenéutica bíblica, nuestro autor nos insta a ser muy precavidos, a pertenecer a lo que Ricoeur denomina la escuela de la sospecha, y a tener la advertencia de que podemos estar equivocados, como también lo dice Gadamer. De hecho, la postura de la hermenéutica analógica es de humildad, de moderar las pretensiones de exactitud y de absoluto en la comprensión del texto sagrado.

Con ello Reyes puede transitar a ver el impacto de la historia efectual sobre el texto bíblico. Así, revisa la exégesis académica, que quiso aplicar la ciencia a la Biblia, por ejemplo, la antropología y la sociología, resultando demasiado reduccionista. De allí surgieron, por poner un caso, lecturas "materialistas" del evangelio y de San Pablo. Pero, sin exagerar, se puede aplicar la ciencia social a la exégesis, para evitar sobre todo el irracionalismo reciente. Esta moderación hay que aplicarla, por ejemplo, a la exégesis feminista, la hermenéutica indecente y otras.

Por eso conviene más volver la vista hacia la hermenéutica eclesial y captar cuáles son sus condiciones. Ver cuál es su clave y cuál es su justificación de la misma. La teología latinoamericana nos enseña a no poner al hombre en lugar de Dios, sino a respetar la trascendencia de Éste. Así, no hay que exagerar el sentido alegórico, ya que puede volverse fantasioso y hasta delirante. Se ha aplicado a veces a contextos latinoamericanos demasiado forzados, como entender el relato de la victoria de Yahvé sobre el Faraón, no en el Nilo, sino en el río Paraná y contra las potencias políticas, lo cual es descontextualizar demasiado. Se necesita conocer bien el contexto histórico del texto.

Lo anterior hace que Reyes tenga que acudir a una instancia moral, a una ética de la interpretación. En efecto, hay una obligación de respetar los derechos del autor del texto, y no solamente los del lector o intérprete. Con esto se tendrá una interpretación prudente o de *frónesis*, que no lleve las cosas a la exageración, pues aquí resulta demasiado peligrosa, ya que puede desorientar mucho a los feligreses.

Hay que evitar el subjetivismo y aceptar que una interpretación puede alcanzar a ser objetiva. No absolutamente, pero sí en relación con el texto y su contexto. Por eso se requieren los estudios históricos y filológicos, para encontrar esa objetividad en la interpretación. Hay que buscar el horizonte histórico referencial y el género literario del texto, pues son claves indispensables para la comprensión del mismo. Hay que tratar de validar nuestra interpretación y, además —cosa muy importante—, leer con la luz del Espíritu santo, y comunitariamente, pues es en comunidad como se manifiesta.

Para esto será muy útil cobrar conciencia de las precomprensiones que se tienen, es decir, de los presupuestos que llevamos a la interpretación. Ello exige tener advertencia de la polisemia del lenguaje y de los niveles sintáctico, semántico y pragmático que se requieren para su lectura.

Todo lo anterior hace que Reyes plantee una epistemología analógica, que lo conduce a una hermenéutica analógica del texto bíblico. Efectivamente, esa postura cognoscitiva moderada y proporcional desemboca en una hermenéutica del mismo signo, esto es, también equilibrada y prudente. Es una epistemología del significado, analógica, que viene desde la Edad Media y ha sido usada por teólogos, como Santo Tomás, y principalmente por místicos, como el Maestro Eckhart.

Nuestro autor expone correctamente la naturaleza de la analogía, desde su historia, lo cual hace que brinde una cabal comprensión de la hermenéutica analógica, algo muy importante porque será aplicada al texto bíblico. Con esa hermenéutica analógica bíblica se tendrá una comprensión adecuada de la Sagrada Escritura, porque se colocará entre el univocismo y el equivocismo, superando sus inconvenientes y aprovechando sus ventajas. Es una manera de servir a los que esperan el mensaje revelado presentado conforme a la época actual en la que nos encontramos.

Por eso creo que debemos agradecer a George Reyes su esfuerzo, plasmado en este libro, que nos ofrece una guía segura en la difícil tarea de la interpretación de la Biblia. Es algo muy delicado, porque tendrá repercusiones sobre nuestra gente creyente.

Dr. Mauricio Beuchot
Instituto de Investigaciones Filológicas
UNAM, Ciudad de México

PRESENTACIÓN DEL EDITOR

Una de las principales funciones del ministro cristiano es la de interpretar y exponer las Sagradas Escrituras. Y el apóstol Pablo pide a su discípulo Timoteo que procure diligentemente presentarse aprobado delante de Dios (2 Ti 2:15). Pero, ¿cómo lograrlo? El versículo dice: ὀρθοτομοῦντα τὸν λόγον τῆς ἀληθείας. Esta frase griega se ha traducido como: "que usa bien la palabra de verdad" (RV60), "que interpreta rectamente la palabra de verdad" (NVI), "que maneja con precisión la palabra de verdad" (LBLA), "que explica correctamente la palabra de verdad" (NTV). Estas traducciones reflejan la importancia de interpretar y explicar correctamente el mensaje divino. Y la petición de Pablo sigue vigente para los actuales ministros de Palabra.

Mi primer contacto con el escritor y profesor George Reyes fue a través de sus artículos de hermenéutica y exégesis bíblica publicados en la *Revista Kairós* (revista académica del Seminario Teológico Centroamericano). Muchos de sus artículos son de lectura obligatoria en los programas de Licenciatura y Maestría en Teología del SETECA. Y en tales publicaciones se observa un vivo deseo y esfuerzo del autor en realizar una interpretación precisa de las Sagradas Escrituras.

El autor se especializa en hermenéutica y exégesis bíblica, e incluso en arte literario. Y ante las limitaciones que el autor ve en las hermenéuticas *univocistas* (un solo significado del texto, el del autor original) y *equivocistas* (muchos significados posibles, que son propuestos por el lector), se hace necesario la práctica de la alternativa propuesta: *la hermenéutica analógica*.

Para Publicaciones Kerigma es un placer presentar el libro *Hermenéutica analógica bíblica: Teoría para la liberación del texto y su hermenéutica*. Y se espera que el público lector de habla hispana disfrute del rico diálogo y discusión entre los teóricos de la hermenéutica y cómo influyen en la interpretación bíblica.

Abner B. Bartolo H.
Universidad Filadelfia de México / Academia Bíblica Pésher

CAPÍTULO 1

PLANTEAMIENTO SOBRE LA HERMENÉUTICA CONTEMPORÁNEA: "LA HISTORIA TRISTE DEL TEXTO"

En algunos círculos bíblicos más que en otros, la hermenéutica —el lenguaje común de la posmodernidad, y ya con una larga prehistoria— es frecuentemente entendida como el esfuerzo por encarnar el texto en el mundo contemporáneo. Sin embargo, a riesgo de una disyunción simplificada, la concebimos aquí en su acepción clásica y relacionada íntimamente con la exégesis; ella es ciencia y arte que se ocupa de la naturaleza del proceso tanto de interpretación y comprensión como de aplicación, contextualización o relevancia del contenido del texto (cp. Gadamer, 2007, p. 379);[1] esta acepción clásica, no obstante, concibe la hermenéutica como dialógica, puesto que la fundamenta en un diálogo con el texto, sus autores, sus destinatarios originales y, más recientemente, sus lectores individuales y comunitarios contemporáneos, la fe y teología apostólicas, partiendo del presupuesto de que el texto quiere decir algo.[2] Para tal tarea, la hermenéutica clásica ha querido proponer

---

[1] Ahora bien, hay autores que conceden más arte que ciencia a la hermenéutica y ven que los textos son múltiples: desde los escritos, pasando por los hablados y las acciones del hombre, hasta los productos del arte, como pinturas, esculturas, etc. Por otro lado, consideramos que la interpretación no es acto complementario y posterior al de la comprensión, o viceversa; esto es porque comprender es siempre interpretar, por lo cual la interpretación es un proceso unitario indiferenciado con la comprensión, al igual que la hermenéutica con la exégesis, a pesar de ser ambas dos ciencias en propiedad.

[2] Es importante aquí que a nuestros lectores no especializados clarifiquemos de entrada un par de aspectos filosóficos que han generado un extenso e inconcluso debate en la teoría hermenéutica contemporánea. Una es que nosotros no separamos la interpretación de la comprensión como sucede en la teoría hermenéutica filosófica sobre todo a partir de Heidegger; y otras es que hablamos de lectores tanto comunitarios —como se tiende hablar en la posmodernidad— como individuales, pero no los consideramos autónomos, incluso de la Iglesia como de su fe y teología apostólicas confesadas desde su fundación; finalmente, como es obvio en nuestra

reglas y presuposiciones con el fin de limitar, hasta donde sea posible, el subjetivismo y la arbitrariedad, e impedir así que la interpretación se disperse en el relativismo y le imponga al texto sentidos que le son ajenos; detrás de todo permanece todavía el ideal de una interpretación unívoca o única, clara, distinta y libre totalmente de la subjetividad y especulación del intérprete, así como también de evitar lo contrario: una interpretación equívoca o múltiple, oscura, confusa, relativista y hasta nihilista en el peor de los casos.

A partir del padre de la hermenéutica moderna, F. Schleiermacher (1768-1834) y, siguiendo a Heidegger, H. G. Gadamer (1900-2002) y sus seguidores, se deja de entender a la hermenéutica como método, teoría y reglas de interpretación y se la empezaría a entender como filosofía universal de la interpretación y de las ciencias del espíritu o humanísticas que pone el acento en la naturaleza histórica y lingüística de nuestra experiencia en el mundo. Aunque Schleiermacher se inscribía todavía en la concepción clásica de la hermenéutica, para él esta es parte del arte del pensar y, por ende, un trabajo sicológico-filosófico que posteriormente desarrollaría sobre todo W. Dilthey (1833-1911).[3] Apelando, al igual que Ricoeur —quien sí daría cabida al método— a la noción clásica de la hermenéutica, Gadamer problematizará la concepción puramente metódica y racionalista de la hermenéutica por causa de la absolutización y el endiosamiento que de esta concepción hicieran los neopositivistas o positivistas lógicas como los del Círculo de Viena (Gadamer, 2007, pp. 31-37; Beuchot, 2016, p. 7); de ahí que argumentara que la hermenéutica "es ante todo práctica, arte de la comprensión... Lo que uno tiene que ejercitar en ella es sobre todo el oído" (Thiselton, 2009, p. 2, citando a Hans-Georg Gadamer, "Reflections on My Philosophical Journey", in *The Philosophy of Hans-Georg Gadamer*, ed. Lewis Edwin Hahn— Chicago and La Salle, Ill.: Open Court, 1997). En el fondo de todo estaba su idea fundamental que la interpretación no es únicamente un método, sino un proceso esencial que se halla en el corazón de la vida misma

---

acepción, y conforme a nuestra fe, pensamos que los textos como los bíblicos sí intencionan comunicar por lo general, en este caso, el pensamiento divino.

[3] En la nota a pie de página número 2 del capítulo tercero de esta obra se puede leer un poco más de detalles importantes sobre este hermeneuta, quien se movería de la tradición hermenéutica inquisidora a la romántica.

(Gadamer, 2007, pp. 31-37, 143-1819); Gadamer universaliza así la hermenéutica, mostrándola cada vez más como algo propio de nuestra presencia en el mundo y como una hermenéutica de la existencia. Esta ampliación del sentido de la hermenéutica, opina Grondin (2008, p. 19), será la responsable del avance que ella ha conseguido en Occidente a partir del siglo XX anterior que representa una ruptura con su concepción clásica y metodológica, es decir, como el instrumento metodológico para la interpretación de textos. No en vano la hermenéutica se ha erguido hoy por hoy en Occidente como el lenguaje filosófico común de la posmodernidad; se usa la hermenéutica en todo, incluso en el estudio de la cultura; por eso pareciera que ya nadie entiende a nadie; cada uno critica la teoría hermenéutica del otro y se incorporan en el léxico crítico neologismos incomprensibles al lector común porque poseen ahora significados distintos. Es el llamado politeísmo posmoderno o la multiplicidad de opiniones y de perspectivas de las que hablan algunos autores, que no es otra cosa sino un nuevo conflicto de interpretaciones en este período teórico de nuestra historia.

Pero hay que tener cuidado, si la hermenéutica es hoy el instrumento de la filosofía actual. Es indudable que la hermenéutica filosófica contemporánea ha contribuido a la teoría hermenéutica bíblica occidental; por ejemplo, la ha concientizado que la tarea hermenéutica es un proceso y que en ella influyen multitud de condicionamientos incluso religiosos y que, por lo tanto, en esta tarea no se espera que el exégeta acceda al texto con absoluta objetividad. Sin embargo, en los casos más extremos, junto a la teoría de la autonomía del texto se ha sobredimensionado este horizonte de comprensión que los intérpretes llevan al texto, a tal punto que, aunque puede ser conveniente —y la verdad del texto surge mediante el diálogo con su lector y su apertura a la objetividad del texto, puesto que también el lector juega un rol decisivo en la interpretación— ha conducido a una hermenéutica más entre las múltiples existentes hoy; pero sobre todo ha conducido a lecturas del texto como producción y crecimiento del sentido del mismo, sin los límites que marca la hermenéutica analógica (ver Beuchot, 2015, pp. 69-91; Reyes, 2016, pp.170-189); nos referimos a las interpretaciones equívocas que, por ser excesivamente abiertas y arbitrarias, terminan dispersándose en el relativismo y sobredimensionando los derechos de los lectores a costa de los del texto, otorgándoseles una función de creadores, inventores o impositores del mensaje que no les corresponde. Es verdad que sus cultores han llegado a esto para evitar a toda costa la hermenéutica unívoca y rígida de la modernidad, especialmente la del positivismo cientificista, obviamente desconocida por los antiguos hermeneutas cristianos (Jasper, 2004, pp. 11-12).[4] Pero valdría la pena preguntarse si el texto no tiene sus propios derechos y objetividad; si no hay teorías adecuadas de interpretación que contribuyan a respetar el habla del texto; si son los intérpretes quienes han de recrear la verdad del texto o si son ellos quienes han de extraerla como algo ya depositado por sus autores en el texto, apropiársela, proclamarla y encarnarla en el mundo actual.

Bien se podría argumentar que en el campo bíblico occidental contemporáneo el influjo del giro hermenéutico anterior ha conducido muchas veces, según nuestro criterio, por lo menos a tres consecuencias básicas. Una es la dispersión de la hermenéutica a una equivocidad extrema. Otra es la perpetuación del asalto al texto. Y otra es la historia triste de ese mismo texto a la cual hace unos años atrás aludiera con razón Tamez (2006, p. 35), refiriéndose con esa metáfora a la historia de abuso y tiranía a la que ha estado sometido el texto por la ideología.[5] Es que, como bien se ha dicho, el poder es

---

[4] De tales hermeneutas antiguos que desconocían la hermenéutica unívoca se exceptúa a los de la escuela exegética de Antioquía; la característica que diferenciaba a esta escuela era su insistencia en el sentido histórico literal original del texto, si bien no tal y como los exégetas modernos entienden el término. Pero de algún modo, contrariamente a nosotros hoy, mostraban poco interés por el pasado del texto, salvo en el caso de que estuviera relacionado con el presente. He trabajado esta hermenéutica en nuestro ensayo inédito "Metodología de interpretación y contextualización de los padres de la iglesia oriental".

[5] Obviamente, Tamez se refiere a la ideología política de derecha conservadora, pero no se debe olvidar a la de la izquierda radical que ella representa. Ahora bien, como en otros lados lo he dejado ver, concibo la exégesis y la hermenéutica como parte y parcela de un mismo proceso de interpretación, consciente de que cada una constituyen una disciplina en propiedad y que la primera denota el proceso interpretativo en sí y que la segunda envuelve aspectos que tienen que ver con la naturaleza del proceso interpretativo, es decir, con el modo cómo leemos, entendemos y contextualizamos el texto —con toda la problemática que implica— y las condiciones y criterios que operan para el logro de una interpretación más apropiada. Por eso pensamos que a la hermenéutica no debiera definírsela solamente como ciencia de las reglas, ya que en un proceso interpretativo responsable no basta el conocimiento de tales reglas, si bien tal conocimiento es

Capítulo 1: Planteamiento de la hermenéutica contemporánea

la base de la racionalidad occidental; se sigue, entonces, que las microtiranías, que pública y privadamente tienden al vasallaje, a la coerción y al propio beneficio, no son exclusivas de nuestro entorno sociopolítico y cultural, sino también del hermenéutico cuando se trata de leer los textos bíblicos académica y pastoralmente;[6] incluso, uno tiene que reconocer que el mero hecho de procurar comprender un texto implica ya una toma de poder, aunque este intento sea sincero. Todo esto ha dado lugar a que el texto sagrado sea sometido a una ideologización tanto de derecha como de izquierda política.[7] Es más, todo "esto ha permitido que [la Biblia] haya sido y siga siendo leída (léase sometida) hoy con base a dos tendencias hermenéuticas básicas: de la fragmentación-mecanización moderna y de la imposición subjetivista posmoderna" (Reyes, 2008, p. 158).

Al interpretar el texto bíblico como si fuese un sistema mecánico y un artefacto muerto —cuyo mensaje total, exacto, claro y único válido puede ser alcanzado mediante la aplicación de un método científico que alega ser totalmente objetivo— la primera exégesis encarna la epistemología racionalista univocista positivista occidental de dividir y conquistar en un intento por evitar la subjetividad del intérprete (Reyes Archila, 1997, pp. 30-33).[8] Y al interpretarlo como

---

importante para evitar la multiplicidad de interpretaciones; esto hace que el proceso de comprensión sea un procedimiento también artístico, sin descuidar su lado científico legítimo y necesario.

[6] No haría falta clarificar que también existe un poder para bien, incluso en el campo exegético, aunque este sea escaso. Tampoco habría necesidad de clarificar que por hermenéutica académica significamos el abordaje profesional del texto, y por hermenéutica pastoral el abordaje del texto orientado a la iglesia y llevado a cabo en ella y en las diversas plataformas de predicación y cátedra.

[7] En el contexto de esta obra uso el término "ideología" con esta acepción y función negativa en el accionar tanto político-social como hermenéutico bíblico. Los sociólogos, sin embargo, reconocen del mismo una acepción y función también positiva como el conjunto de ideas que otorgan identidad y coherencia a un grupo social determinado; ver Estenssoro (2006, pp. 97-111). Ahora bien, en esta tendencia ideológica militante se podría incluir también la patriarcal y feminista radical, y la de género en general (bisexualidad, transgénero, transexualidad y el arco iris de identidades sexuales: movimiento *queer*).

[8] La tendencia científica pospositivista, sin embargo, reconoce hoy el problema de la objetividad en la ciencia, y admite el valor del interés, del prejuicio, de la precomprensión —conocimiento preliminar— que acompañan toda percepción y fundamentan toda conjetura; ha propugnado una epistemología tan pluralista que raya en el equivocismo ver Beuchot (1996, pp. 35-45).

si el lector y su experiencia fuesen más importantes que el texto, su autor y su mensaje, la segunda exégesis encarna la epistemología débil, abierta y relativista posmoderna de imponer al texto cualquier interpretación que su autor/editor humano y divino nunca habría intencionado.[9] Uno podría mencionar como ejemplo de tal proceder las exégesis diacrónicas y sincrónicas académicas duras —artefactos de las aulas de muchas Facultades y Seminarios— y las pastorales de los púlpitos;[10] en su lectura del texto, y siendo esta exégesis más alta

---

[9] El tema de la "intención del autor" es un tema debatido en la hermenéutica bíblica de hoy debido al impacto de la teoría literaria radical contemporánea, cuyo axioma es que la intención del autor —entendida como estado mental y actitudes internas de él— es inalcanzable e innecesaria en la exégesis; esto es porque, según tal teoría, toda obra es autónoma de su autor y de cualquier evidencia externa a ella (su contexto de producción, por ejemplo), pues el autor y toda evidencia externa han muerto una vez que esta se ha puesto por escrito; por tal razón, es ingenuo intentar explorar en una obra esa intención; Barthes (2006); Ricoeur (2006, pp. 38-57); Gómez-Martínez (1999, pp. 23-104); Andiñach (2012, pp. 36-38). Sin embargo, Thiselton (2009, pp. 26-29), opina que la evidencia externa es necesaria en textos que comunican un mensaje a una audiencia en un tiempo específico y con un propósito específico como sucede con muchos de los bíblicos, y que el uso de la expresión "intención autoral" en el campo bíblico no alude al estado ni actitud mental interna del autor ni a un intento por penetrar en su mente o psiquis mediante un acto de comprensión imaginativa, simpatética o adivinatoria. Con todo, para evitar la confusión existente, Thiselton (1992, pp. 558-561; 2009, pp. 160-161) propone usarse, en vez de "intención autoral", "*Intentional Directedness*", es decir, "discurso con intención o propósito comunicativo", el mismo que incluye actos ilocucionarios, tales como aseverar, ordenar, advertir, etc., abundantes en la Biblia (por ejemplo, 1Co 8:1-11:1; 11:17-22); pero, según Thiselton (2009, p. 22), esa intención o propósito comunicativo es apenas el punto de partida, ya que el significado del texto es más que eso. Así, pues, contra la filosofía hermenéutica actual, pensamos que el objeto de nuestro conocimiento de un texto bíblico es el *sensus divinus*: la intención anterior del autor, y también del texto mediante el cual se expresa el primero, no el ser existencial como tal ni solo. Una discusión y defensa más amplia de la intención autoral es la de Osborne (2006, pp.465-.499); Walhout (1999, pp. 66-71); Caballero Cuesta (1994, pp. 91-96); Beuchot (2000, pp. 125-135; 2015, pp. 8-12).

[10] Estas últimas, aun siendo conservadoras, cuando lee de principio a fin el texto con base solo a la intuición, confiados de la luz plena, clara y precisa del Espíritu Santo, olvida que el intérprete humano, incluso piadoso, vive condicionado por múltiples factores que pueden opacar y dispersar esa luz. También aquí se debe incluir a las hermenéuticas latinoamericanas liberacionistas, y a la hermenéutica social cuando esta lee al prójimo y a la cultura radicalizando la lente personal que filtra la lectura.

Capítulo 1: Planteamiento de la hermenéutica contemporánea

de episteme modernista, las diacrónicas tienden, como ya dijimos, a despedazarlo, aunque su interés primario no es comprender el texto, sino la historia composicional o de producción subyacente detrás de la forma en que se lo tiene ahora; las sincrónicas, sobre todo literarias, procuran leerlo unificadamente, si bien la mayoría de ellas tienden a radicalizar el papel del intérprete como sujeto intencional en el acto y proceso de lectura, que filtra y recrea lo que lee en el texto basado en el presupuesto de su autonomía; así, el intérprete lee al texto con la lente de su conocimiento preliminar de este o desde el horizonte de su ubicación histórica.[11] Esta radicalización no puede sino conducir a un equivocismo caótico que tiende a legitimar toda interpretación; sustraer y añadir al texto; relativizar su objetividad y normatividad; y conducir a un relativismo que pronto deriva en un escepticismo y nihilismo.

Es innegable que toda hermenéutica posee una dimensión política subjetiva y que su fin es producir sentido. La selección de un método hermenéutico no es necesariamente un acto puro y ajeno a las propias tendencias filosóficas, literarias, históricas, teológicas e ideológicas; el sentido del texto surge del cruce de este con el lector y ese sentido es articulado por él; así, toda la subjetividad del intérprete viene a estar comprometida, puesto que el acto de comprender es dialógico: un ir y venir del intérprete al texto y de este al intérprete. No obstante, pensamos que la exégesis consciente de esa dimensión subjetiva, encuentro e intromisión del sujeto interpretante estaría en mayor capacidad de alcanzar un grado aceptable de objetividad, de reconocer y de respetar la alteridad y objetividad del texto, si bien este narra frecuentemente de forma no objetivable como en las parábolas que nos estimulan a vivir la vida que ellas desafían a vivir; habría que recordar que el texto surge en otra sociedad y época diferente a la nuestra, trasciende toda teología, filosofía, contexto, y ofrece un sentido que en el acto y proceso hermenéutico el intérprete no ha de crearlo, sino explorarlo en su contexto, comprenderlo, explicarlo y contextualizarlo.[12] Aunque un texto sea pasible de

---

[11] En el capítulo tres de esta obra discutiremos este tema. Ver, sin embargo, más ampliamente la metodología de ambas hermenéuticas, en Reyes (1999); Berlín (1994).

[12] Infelizmente, como opina Andiñach (2012, pp. 41-42, 47-58), la tendencia actual de negar la objetividad del texto en el proceso de lectura pareciera respaldarse

interpretaciones múltiples —pero no infinitas— el intérprete no puede aseverar que el texto dice lo que realmente no dice.

Es irónico que quienes poseemos un elevado concepto de las Escrituras y aceptamos su autoridad normativa hayamos frecuentemente prestado poca atención a su historia triste de abuso. Es irónico, además, que hayamos olvidado que la misma filosofía del lenguaje nos enseña que entre el significado unívoco y el equívoco está el analógico. Y nos preguntamos si habría una salida para esa historia, si bien desde mucho antes es lo que ya habría procurado la hermenéutica. Una respuesta categórica a esta pregunta sería difícil, pero es un desafío que habría que enfrentar tentativamente a fin de ir abriendo camino, consciente de que quedará mucho por hacer en la construcción teórica y, más aun, exegética.

Objetivo, estrategia y lectores

La Biblia es la suprema revelación del Dios Uno (en esencia) y Trino (en manifestación) en lenguaje humano, un testimonio del Espíritu, la regla de fe y práctica de la Iglesia, el elemento preeminente del culto y el fundamento sustancial para la teología,[13] la pastoral y la espiritualidad cristiana; de esa cuenta, el intérprete cristiano ha de practicar una hermenéutica con fe en esa revelación, dándole la palabra en primer término para que ella le pueda hablar con propiedad, escucharla y comprenderla así responsable y humildemente.[14] De ahí que el objetivo macro esencial de esta

---

también por la siguiente situación complicada en muchos aspectos de la historia de la formación del canon, que Andiñach señala y que las ciencias bíblicas conservadoras, pensamos nosotros, debe responder con seriedad: "Al no haber un texto canónico, sino una lista de libros, y a su vez si ese texto (hebreo o griego) tiene variantes que debe analizar la crítica textual, se llega a la conclusión de que tampoco existe un texto objetivo, sino una multiplicidad de copias y versiones entre las cuales hay que optar para llegar a un texto sobre el que luego se ejecutará el proceso hermenéutico. A esto se agrega que las distintas tradiciones cristianas… sostienen como canónicas colecciones diversas de libros; dada esta situación, ¿cómo es posible que se hable de un texto objetivo y canónico con entidad propia y externo al lector?".

[13] En el sentido no solo actual, sino también estricto del término, que es su objeto propio: reflexionar sobre Dios mismo en su unidad y trinidad.

[14] Es que para ser enseñados, corregidos y transformados por ella requiere creyentes que se le acerquen humildemente y en oración como un imperativo

Capítulo 1: Planteamiento de la hermenéutica contemporánea

investigación sea eminentemente teórico: plantear, en suma, una hermenéutica analógica bíblica, ciertamente con las limitaciones propias de todo pensamiento humano y de quien solo escribe un borrador.[15] Es claro que el corolario de este macro esencial objetivo es contribuir a darle al texto sagrado y a su hermenéutica un mejor cauce: que sean más libres de la historia de asalto y sometimiento, objetivista y subjetivista.

Esta segunda edición aparece modificada sustancialmente; los títulos tanto de la investigación en sí como de sus capítulos han sido modificados, de tal manera que ahora hacen mayor justicia a sus respectivos contenidos. Utilizamos, además, todos nuestros aportes críticos oportunos no simplemente para ampliar nuestra investigación, mediante discusiones más actualizadas y la inclusión de un capítulo más, un epílogo y una bibliografía mayor; los utilizamos sobre todo para mejorarla y así presentar en ella una contribución teórica más madura desde sus primeros planteamientos en nuestros dos libros y muchos ensayos anteriores publicados sobre hermenéutica analógica en relación con el texto sagrado. De ahí que para lograr el objetivo anterior, la estrategia metodológica de esta segunda edición sea la siguiente. El segundo capítulo rastrea lo que consideramos es el orden histórico generador y general de la historia

---

absoluto para la propia vida y misión, y la búsqueda de una luz que aclare el presente. Este es el fin de la hermenéutica cristiana.

[15] Por eso, y por espacio y tiempo, este trabajo hermenéutico descolonizador —si se podría llamar así— no pretende profundidad, neutralidad ni siquiera aplicabilidad, es decir, que aplique la teoría al texto, lo cual podría a la pragmática darle la impresión de un trabajo totalmente teórico y retórico. No obstante, hemos de recordar que nuestro propósito esencial quiere ser intencionalmente teórico y libre de un exceso de academicismo cientificista que impida su acceso y servicio a la Iglesia propietaria de las Escrituras, pero evidenciando acciones concretas recalcadas en la estrategia metodológica de la obra; hemos de recordar también que la hermenéutica tampoco es una disciplina puramente artístico-alegórica ni ontológica-metafísica, sino analógica; tampoco poder reducirse a puramente práctica porque la teoría es ya praxis. Por otro lado, nuestra propuesta se sirve de manera crítica o enjuiciadora y diferenciada o sin copia al carbón de las reflexiones hermenéutica-analógicas del mexicano Mauricio Beuchot, porque es quien hasta la fecha en el campo secular ha contribuido en esta área de la hermenéutica analógica más que ningún otro erudito contemporáneo y vivo, si bien Gadamer y Ricoeur fueron heraldos de la misma. De ahí que no se trate de una simple dependencia sobre un solo autor, si esta fuera la impresión que diera la obra.

triste del texto: el panorama epistemológico hermenéutico contemporáneo, el cual esperamos sirva de contexto para los capítulos siguientes.[16] El tercer capítulo aborda un tema que alcanza categoría filosófica ya a principios del siglo XVII: la contextualización del lector conocida en el contexto filosófico hermenéutico ontológico "conciencia histórica efectual", como un problema hermenéutico real en la interpretación del texto, generador esencial de la historia triste del texto. El cuarto capítulo recoge narrativamente algunos ejemplos en los que es evidente el impacto de esa contextualización en la hermenéutica académica y pastoral bíblica de los recientes años. El quinto capítulo esboza una ética hermenéutica y una hermenéutica de fe iniciales como un camino de acción solidaria concreta a favor de la liberación del texto y su hermenéutica de abuso y sometimiento. El sexto plantea una epistemología analógica que deriva en una hermenéutica analógica para el texto bíblico en general, como un camino de acción de equilibrio y solidaridad en pro de esa misma liberación. Finalmente, el capítulo séptimo último y el epílogo de la obra quieren también constituirse en ese camino de acción de equilibrio y solidaridad; para el efecto, el primero aborda otro de los problemas hermenéuticos debatidos y decisivos actualmente que amenazan a la hermenéutica sagrada: la noción de verdad hermenéutica, con el fin de plantear para el texto bíblico la nueva racionalidad hermenéutica analógica como la denominamos dentro de este contexto; y el epílogo, lejos de retomar las líneas más sobresalientes de toda la investigación, toma posición respecto al tipo de escrito al cual se inscribe el género narrativo sagrado; de esa cuenta, compendia su naturaleza tanto representacional mimética como referencial y teológica, con el fin corolario de constituirse en trasfondo inicial para una hermenéutica analógica particularmente para ese género literario. Queda claro, entonces, que la presente investigación trata y plantea una hermenéutica analógica bíblica.

---

[16] Esto en contraposición con la concepción de Gadamer, quien en su obra *Verdade e método* (1999, pp. 39—47) cp. su obra en español *Verdad y método* (2007, pp. 31-37), divorciando la hermenéutica del racionalismo moderno, la procura llevar más allá de Hegel y Dilthey y, por ende, de la epistemología a la ontología, cuestionando así la comprensión de la hermenéutica como método y epistemología que trata del conocimiento.

Capítulo 1: Planteamiento de la hermenéutica contemporánea

En cuanto a los lectores, la obra quiere dialogar con respeto y reconocimiento, más allá de la tolerancia,[17] principalmente con estudiantes de Institutos Bíblicos, Seminarios y Facultades de teología; también con pastores, misioneros e intérpretes-predicadores pastorales latinoamericanos en general; se espera que nuestros lectores asuman la naturaleza divina y humana del texto sagrado y que el mismo es la base esencial del culto, la piedad, la doctrina, la misión, la predicación, la praxis y la reflexión teológica; también se espera que asumen una filosofía de lenguaje que a la vez asume la intencionalidad comunicativa de los autores bíblicos y del texto mismo;[18] y que el amor y el seguimiento a Jesús, el Hijo de Dios, implica respeto por la otra y escucha a la misma: las Escrituras que Dios ha dado a su Iglesia, la intérprete y propietaria de la misma por excelencia. En suma, se espera que nuestros lectores asuman la importancia de escuchar la voz de la tradición y del texto.

Gratitud y dedicatoria

Primeramente, mi gratitud al Dios Trino y a su Iglesia por su sostén en este peregrinaje pastoral, docente, teológico y literario artístico; mi gratitud a todos mis amigos genuinos que han sabido estimularme y acompañarme en esta desafiante vocación; finalmente, mi gratitud a la comunidad hermenéutica occidental contemporánea que, directa e indirectamente, ha contribuido para que esta obra sea concretada. A todos ellos dedico este humilde esfuerzo, esperando que lo continúen profundizando con amor, piedad y respeto por el texto para el bien de su hermenéutica, la Iglesia y su pastoral de predicación.

---

[17] Ya se ha visto la existencia de dos mentes contrapuestas en el campo incluso de la hermenéutica y teología: la demasiado cerrada y la demasiado abierta. También se ha visto que la primera, propia del modernismo, no ha ayudado mucho a la contribución y diálogo respetuoso, y que la segunda, propia del posmodernismo, deriva perspectivas exacerbadas que disolverá, indiscriminada e intolerantemente, todo fundamento hasta ético y moral siempre válidos. Y ambas, nos parece, encubren relaciones de poder. De ahí que en el campo antropológico también es necesaria una mente analógicamente equilibrada, autocrítica y en conexión con la fe y teología de la Iglesia apostólica.

[18] Pero teniendo presente, como lo enfatizaré más delante de esta obra, que no es posible recuperar del todo esa intención comunicativa.

CAPÍTULO 2

PANORAMA EPISTEMOLÓGICO HERMENÉUTICO FUNDACIONALISTA Y POSFUNDACIONALISTA EN LATINOAMÉRICA

No cabe duda, argumenta Beuchot (2007, pp. 11-50), que en la hermenéutica textual latinoamericana, e incluso mundial, tanto académica como, agregaríamos nosotros, eclesial han convivido a lo largo de la historia de la interpretación hasta el presente básicamente dos figuras epistemológicas en contraposición de la una con la otra: la fundacionalista univocista moderna y la posfundacionalista equivocista posmoderna.[1] Si bien, de algún modo, ambas figuras han contribuido al conocimiento del texto, han propiciado su historia triste. Aun con riesgo de simplificación y generalización, en este capítulo me propongo examinar a grandes rasgos esas dos figuras epistemológicas e implícitamente mostrar su protagonismo en la historia triste del texto sagrado.

---

[1] En realidad, y de un modo u otro, la epistemología analógica también habría corrido paralelamente a esas dos figuras (ver Beuchot, 2005a, pp. 91-102). En otra de sus obras (2007, p. 22; 1996, p. 35), Beuchot considera que, aunque de un modo periférico, en los últimos años esta epistemología ha estado presente en algunos pequeños sectores de la epistemología reciente como en la poética del mexicano Octavio Paz y en la hermenéutica, una de las vertientes actuales de la filosofía: en la de Paul Ricoeur —y, a mi modo de ver, también en la hermenéutica de G.H. Gadamer, con su énfasis en la sabiduría o prudencia (*phronēsis*) en la vida y la hermenéutica—, si bien Ricoeur, arguye Beuchot, se habría de quedar muy corto; de esa cuenta, Beuchot (2005a, pp. 11-12) considera que la hermenéutica ha estado asociada a la sutileza que es la capacidad de traspasar el sentido superficial y de discernir más de un sentido. Por eso es que hablar de analogía en la hermenéutica no sería algo nuevo; lo que sí lo sería es su redescubrimiento y aporte frente al univocismo hermenéutico moderno y al equivocismo hermenéutico posmoderno que arrecia hoy en todos los campos. Esta es la razón por la cual —valga la aclaración— se presta a este equivocismo mayor atención a lo largo de esta obra, recordando que el mismo también habría estado presente en los diferentes contextos y hermenéuticas de la antigüedad.

La figura fundacionalista univocista moderna

La figura clásica excesivamente rigurosa y pretenciosa de cientificidad, objetividad —del sujeto (intérprete/científico) y objeto (texto) del saber— y de exhaustividad es la fundacionista univocista moderna. Según Sotolongo Codina y Delgado Díaz (2006, p. 48), es a partir de la Modernidad que el sujeto se apropiaría de la racionalidad y esta llegaría a comprenderse no como un orden objetivo del mundo —o inmanente a él, como en la antigüedad occidental, o proporcionada por la obra de un Creador divino, como en la cristiandad de la Edad Media—, sino como el ejercicio de una facultad propia del ser humano convertido en sujeto que le proporcionaría aquella herramienta que lo capacitaría para la adquisición del saber: la razón. Consecuentemente, abundan estos autores (2006, p. 49), se iría configurando un modelo epistemológico distinto que indicaría cómo el ser humano concebía el camino a la obtención del saber verdadero y sustituiría al modelo de "la unidad macro-microcosmos", esto es, el de la relación bipolar sujeto de saber-objeto a ser conocido. Este modelo emergente, afirman estos autores (2006, p. 50), fue tratado desde dos posiciones epistemológicas extremas: las objetivantes (gnoseologizantes) que privilegiaban al objeto en su relación con el sujeto, y las subjetivantes (fenomenologizantes) que privilegiaban al sujeto en su relación con el objeto.

Desde posiciones objetivantes, el ideal de este modelo en el camino de acceso al saber era y es la univocidad o el absolutismo absoluto propio de los cientificismos (formales o empíricos) y positivismos modernos: una sola interpretación de la verdad como válida, clara (sin opacidad) y distinta, transparente (pura, sin contaminación), exacta (en la lógica de la identidad), exhaustiva y ubicua, es decir, idéntica-en-todos-los-sujetos-alrededor-del mundo (Sotologo Codina y Delgado Díaz, 2006, p. 50);[2] así se suponía que

---

[2] Por ejemplo, la filosofía analítica anglosajona, cuya epistemología ha sido acusada de haber querido imponer un solo método para hacer ciencia, privilegiando así lo común y la mismidad del discurso. Sin embargo, irónicamente, se sabe que de esta corriente filosófica sale una línea de académicos que propician una epistemología pos-analítica (posmoderna) pluralista y anarquista como Paul

Capítulo 2: Panorama epistemológico

la verdad interpretada, al no estar contaminada por la situacionalidad y subjetividad del intérprete, correspondía, exacta y totalmente, a la subyacente en el objeto interpretado: el texto (Reyes, 2009, pp. 81-108); en otras palabras, se suponía una sola verdad totalmente objetiva, trascendente y que podía transferirse con nitidez. De este modo la noción de verdad es una verdad por correspondencia, sin tomar en cuenta el ángulo subjetivo de la misma, incluso de la bíblica, parte integrante de su naturaleza analógica (Reyes, 2009, pp. 81-88), pero que puede ser captada.[3] Es esta analogicidad de ella lo que permite que pueda ser captada lo suficientemente, aunque no en su totalidad.

Para la epistemología unívoca un enunciado y una interpretación son significativos, si pueden verificarse empíricamente, no conceptualmente porque entonces tal verificación sería analítica, o tautológica que nada tendría que ver con la realidad (Beuchot, 2000, p. 45). Sin embargo, continúa Beuchot (2000, pp. 45-6 cp. 1996, pp. 35-39),

---

Feyerabend y Richard Rorty; por eso, hay quienes hablan ya de una época posanalítica, si bien la analítica sigue cultivándose; ver Beuchot (2005, p. 171). Ya en la época griega, Platón se inclinaba a ese ideal univocista y más adelante, en la época patrística (inicio o antesala de la Edad Media), ese ideal estaba viviente en la escuela de Antioquía que privilegiaba una interpretación literal o unívoca de la Escritura y rehuía de la alegórica, simbólica o espiritual de la escuela de Alejandría, vinculada al platonismo y con San Clemente y, posteriormente, Orígenes a la cabeza. Durante la escolástica, el Renacimiento y la Ilustración el ideal en cuestión continuaría vigente (por ej.: en Schleiermacher -1768-1834- en cuanto hermeneuta "romántico"; en Lutero y Calvino) hasta el contexto contemporáneo en la filosofía analítica, el estructuralismo y la hermenéutica filosófica (Apel, Habermas, Eco y otros) y bíblica (Hirsch, en el contexto norteamericano, y, en el hispanoamericano, la mayoría de intérpretes, hermenéuticas y manuales del mismo campo); sin embargo, aproximadamente desde finales del siglo XX, este ideal es puesto en crisis y continúa experimentando mutaciones con el embate de la figura epistemológica equivocista y la analógica como una vía al acceso del saber; cp. Beuchot (1997, pp. 143-179; 1996, pp. 9-12; 2005a, pp.21-24); Sotolongo Codina y Delgado Díaz (2006, pp. 47-50); Sanabria (1997, pp. 44-49); Ricoeur (1981, pp. 45-48; 2000, pp. 73-76).

[3] Contra Sotolongo Codina y Delgado Díaz (2006, pp. 47-50), quienes olvidan esa naturaleza analógica de la verdad y la subjetivizan posmodernamente, si bien reconocen la intersubjetividad del intérprete o del investigador social. Por otro lado, el lector recordará que hablamos de la verdad bíblica desde un ángulo filosófico, no teológico.

pronto se vio que ese criterio de significado era un enunciado inverificable empíricamente (y además tautológicamente), por lo que él mismo carecía de significado. De esta manera, se veía que muchos de los enunciados de la ciencia misma eran inverificables y tenían que ser puestos en entredicho. Como es sabido, y según lo expone Hempel en un célebre artículo, el criterio de significado recibió incontables modificaciones, ajustes y parches. Pero todo resultó inútil... Wittgenstein mismo combatió ese criterio de significado en su época posterior al *Tractus*, y lo mismo Popper... Así, decir que solo es significativo y correctamente interpretable lo que tiene verificación empírica, es eso mismo inverificable empíricamente porque ya de suyo, con ese criterio enunciado universalmente, resulta de hecho y aun en principio (para una mente finita) inverificable él mismo. Y no solo es inverificable sino que tampoco es unívoco; pierde esa univocidad pretendida y, a la postre, cae en lo equívoco. Los extremos se tocan.

Como se puede ver, la epistemología univocista se autorrefuta hasta resultar imposible paradójicamente. Pese a su contribución al saber científico y tecnológico, su ideal es inalcanzable, ya que sería conocer como conoce solo Dios. Además, en el campo bíblico, reduce al texto a un objeto de la lógica racional implacable desprovista muchas veces de la luz de la fe y del Espíritu como si por esta vía se lo pudiera comprender perfecta y totalmente, aun sea capaz de generar alguna interpretación válida. Ya desde los griegos el ideal en mención estaría presente en Platón, quien se burlaría del hermeneuta que interpretaba los poemas homéricos en sentido alegórico en vez del literal, aunque usaría los mitos por medio de los que se acercaría a la analogía (Beuchot, 2005, p. 92). En la época patrística de oro (siglos III, IV), este ideal estaría viviente en la escuela exegética de Antioquía que privilegiaba la interpretación literal del texto y rehuía de la alegórica, simbólica o espiritual de la escuela rival de Alejandría (siglos III, IV) (Altaner, 1962, pp. 191-192).[4] En la escolástica, el

---

[4] Sin embargo, ambas escuelas se traslapaban, pues había padres antioqueños que practicaban el alegorismo alejandrino y neoalejandrino, y viceversa, ya que, de nuevo, no estaban más interesados que los alejandrinos en

Capítulo 2: Panorama epistemológico

Renacimiento e Ilustración este ideal continuaría presente, por ejemplo, en Schleiermacher (1768-1834) —en cuanto hermeneuta positivista—, y en los Reformadores (Beuchot, 2005, pp. 94-96; Thiselton, 2009, pp. 126-133, 153-161). Y en el contexto más contemporáneo (siglo XX) en la filosofía analítica anglosajona, el estructuralismo y la hermenéutica filosófica y positivista de Apel, Habermas, Eco, Carnap, Quine, Betti, Stuart Mill y otros (Beuchot, 2007, pp. 19, 21; 2005, pp. 22, 96-979);[5] como ya lo dijimos, en el contexto bíblico se podría mencionar, entre otros, a Hirsch y los manuales de hermenéutica incluso hispanoamericanos clásicos influidos por la epistemología analítica. No obstante, desde aproximadamente finales del siglo XX, este modelo está experimentando una crisis, declive y proceso de mutación frente al embate del equivocista y analógico que vienen configurándose como otras vías de acceso al saber en la medida en que el ser humano va comprendiéndose de otra manera al involucrarse en procesos cognitivos (Beuchot, 1996, pp. 15-33; Sanabria, 1997, pp. 25-86; Ricoeur, 1981, pp. 45-48; ver Sotolongo Codina y Delgado Díaz, 2006, pp. 52-57); estas mutaciones tienen que ver hasta con el estatuto del sujeto y la noción de "verdad", a la que se tiende a entendérsela hoy nihilistamente ya sea como una ilusión antropológica que intenta dar sentido a lo real, o como una metáfora que ha olvidado su propia condición ilusoria (cp. Derrida, 1968). Esto nos guía a la siguiente figura epistemológica.

La figura posfundacionalista equivocista posmoderna

Por otro lado, está la figura epistemológica equivocista. Es la figura que, conscientemente o no, encarna las presuposiciones ideológicas de la cultura y corrientes filosóficas posmodernas

---

establecer el sentido histórico original; Trevijano (2004, pp. 163-249). Lo mismo se podría decir con respecto a la exégesis en la Edad Media en Occidente.

[5] La filosofía analítica ha sido acusada de haber querido imponer un solo método para hacer ciencia, privilegiando lo común y la mismidad del discurso. Irónicamente, como ya se dijo (nota 2), de esta misma corriente analítica habría de salir una línea de académicos influyentes que propician hoy una epistemología posanalítica pluralista, anarquista posmoderna.

contemporáneas.⁶ Ella pareciera verse reflejada en la mayoría de las tendencias hermenéuticas académicas posmodernas y académicas y pastorales bíblicas,⁷ con su práctica de una interpretación *light* opuesta desmedidamente a la razón y volcada a la intuición y la experiencia. En la hermenéutica académica filosófica y anti-moderna —J. Derrida, M. Foucault, R. Rorty, F. Lyotard, G. Vattimo, Croatto, Andiñach y otros hermeneutas, y filósofos tanto extranjeros como latinoamericanos— la figura epistemología equivocista y la aversión a la razón suelen ir de la mano con una presuposición deconstructivamente escéptica, por un lado, moderada, fruto del impacto de la teoría literaria sobre la hermenéutica y la interpretación bíblica: la exploración de la intención del autor es una falacia; de esa cuenta, como ya lo hemos observado, para la epistemología hermenéutica contemporánea el sentido de un texto no es algo que

---

⁶ Lyotard (1979, 1999) y Beuchot (1996, pp. 12-14) ofrecen una conceptualización de esta cultura ambigua y difícil de definir. Aunque no exista una teoría descriptiva unificada de ella y se niegue sea una nueva etapa histórica sustituta de la moderna, se puede decir que su característica esencial es su rechazo a la razón y epistemología ilustrada moderna. Beuchot (pp. 9-12) ofrece un mapeo de las diversas corrientes filosóficas posmodernas entre las cuales se encuentra aquella a la que me refiero: la que sigue el pensamiento esencial y propiamente posmoderno heredado de Nietzsche (1844-1900), célebre filósofo alemán y "maestro de la sospecha", quien, poniendo en tela de juicio la mentalidad moderna, criticaría la razón tildándola de "voluntad de poder pervertida"; Nietzsche (1998) cp. Vattimo (2002).

⁷ En el campo hermenéutico académico no bíblico, un ejemplo sería Gómez-Martínez (1999); en el académico bíblico, Croatto (1984); en el pastoral ecuménico, Reyes Archila (1997, pp. 9-36) y en el conservador, la hermenéutica "formativa, intituivista-experiencial". Aunque no se puede generalizar, en determinados contextos pastorales (púlpito de predicación) conservadores se tiende a desvalorar la lectura de "mentalidad de resolver problemas" (la exegético-crítica) y a favorecer la antes mencionada: la "formativa" (la intuitiva y experiencial); lo ilustra muy bien la opinión de una profesora de seminario, quien, criticando constantemente a la lectura exegético-crítica del texto, decía en su predicación: "No se preocupen, si no entienden lo que el texto dice; preocúpense de que los transforme"; ella parecía urgir, pues, a que ninguno de los presentes nos preocupáramos por una exégesis responsable del texto que, con la asistencia divina, ilumine algo del sentido original del texto; esta profesora daba la impresión de que para ella toda exégesis (especialmente la de los "teólogos") es al modo de muchas occidentales: liberal, intelectualista, fría, irrelevante (entiéndase: que no toca las necesidades "individuales") e independiente de la gracia y luz del Espíritu Santo, y del espíritu y fe de la Iglesia, y de la unión que el intérprete debe mantener siempre con ella.

esté depositado en él y que haya que extraerlo, sino que es el producto del encuentro de un texto con un lector.

Conforme a lo anterior, se plantea la autonomía del texto de su autor y de su contexto de producción, y el énfasis se traslada del texto y del autor al receptor: el lector.[8] Por otro lado, está la presuposición deconstructivamente escéptica radical: la interpretación es tarea infinita, metafórica y en suspenso; la contraparte de esa presuposición es que es imposible interpretar y entender los textos, ya que en el fondo de todo no hay nada original que discernirse ni entenderse en los textos ni se puede hablar de interpretación verdadera alguna; es que, como Beuchot (1996, pp. 10-11) observa, esta hermenéutica profesa un nihilismo de corte nietzscheano, pues sus teóricos

> toman de la experiencia estética de la modernidad la presencia de una subjetividad descentrada, liberada de todas las limitaciones del conocimiento y la actividad intencional o finalizada, desgajada ahora de los imperativos del trabajo y de la utilidad. En nombre de esta subjetividad rechazan la racionalidad de la modernidad. Reclaman las pulsiones espontáneas de la imaginación y de la afectividad como arraigadas en un fondo arcaico, y las oponen a la razón…como algo poético y dionisiaco…Profesan una suerte de anarquismo. Denuncian la razón instrumental y por causa de ella se oponen a la razón en cuanto tal. En su lugar queda desenmascarada la voluntad de poder, el hedonismo y el cinismo.

Según esta mentalidad, influida por Nietzsche, no sólo se interpreta interpretaciones —las que deben a la vez interpretarse—, sino que también el lenguaje, considerado mediador existencial de la experiencia hermenéutica, y vehículo por medio del cual se expresa la razón, se ha viciado y vaciado de significado (concepto o sentido y

---

[8] Ya hemos observado (nota 9 del capítulo anterior de esta obra) que Barthes (2006) radicalizó esta autonomía del texto al afirmar la muerte del autor, autonomía que, según Thiselton (2009, pp. 25-26), cautivaría (y cautiva todavía) acríticamente a muchos especialistas bíblicos. Igualmente, el énfasis en el lector ha sido en los recientes años radicalizado por la hermenéutica de la "reacción del lector", con la cual ha contribuido a animar al lector a una participación más activa o, como ha sucedido y sucede muchas veces, a proyectar en el texto los propios ídolos.

referencial, o cosa a la que remite) y convertido en un canal de comunicación y de acceso al saber ambiguo y camuflado.[9]

Beuchot (1996, pp. 13-14), sostiene que la aparición hoy de esa fuerte dosis de irracionalismo se debe a lo anterior. Este irracionalismo, continúa este hermeneuta (en esas mismas páginas), privilegia desmedidamente, por decir algo, la imaginación, la intuición, la afirmación del deseo y la afectividad, y proclama la bancarrota de un acceso objetivo del saber, del conocimiento y de los otrora fundamentos racionales o valores absolutos —metarrelatos— que han servido y pueden todavía servir para distinguir la verdad del error y lo verdadero de lo falso.

La epistemología *light* y el subjetivismo propio de nuestra era posmoderna pretenden, pues, suplantar la epistemología "dura" peculiar de la edad moderna, de la filosofía analítica y de las hermenéuticas de esa tendencia; en otras palabras, la epistemología hermenéutica equívoca[10] pretende hoy suplantar a la epistemología hermenéutica unívoca aquella que, vale repetirlo, en su versión extrema y por sus ansias de mismidad defiende tanto un único, exhaustivo, literal, neutral y claro significado del texto como un pensamiento científico-racional y un acceso objetivo al saber (Ricoeur, 1981, pp. 45-48; Beuchot, 1996, pp. 36-39; 2005a, pp. 21-24).

Aunque la posepistemología señalada arriba ha traído ciertos beneficios a favor de la hermenéutica textual bíblica,[11] su

---

[9] Una razón de esa ambigüedad es porque el lenguaje no es instrumento para informar sobre algún mundo ya conocido (Gadamer, 1999/2007), pero sí para encubrir y excluir lo que difiere, y sugerir sólo ausencia, pues no hay lenguaje auto-referente, sino metafórico o equívoco (Nietzsche y Derrida). En otras palabras, en esta teoría del lenguaje no hay correspondencia exacta entre el signo lingüístico/expresión y sentido/significado porque el primero no remite al segundo, en contraposición con lo que propone tanto la filosofía analítica del lenguaje —especialmente de L. Wittgenstein, a cuya filosofía del lenguaje sospecho aún la hermenéutica bíblica haya estado acostumbrada— como, de algún modo, la ontología hermenéutica (Heidegger; Gadamer, Bultmann y otros); Beuchot (2005b, pp. 171-289, 303-313); Ricoeur (2003); Sanabria (1997, pp. 53-55).

[10] De la cual hay quienes hasta dudan si es en realidad epistemología como tal.

[11] Por ejemplo, señalar los callejones sin salida de la epistemología moderna tales como la excesiva objetivación del sujeto (intérprete) que no añade nada nuevo a la realidad que se indaga, pues, según esta epistemología, éste se limita a reflejar

subjetivismo y escepticismo radicales, sin embargo, han conducido a otro callejón sin salida reconocido por sus propios teóricos (por ej.: Vattimo, Lyotard y Gadamer): el de la equivocidad relativista caótica.[12] De este modo, en ciertos contextos hermenéuticos bíblicos se han propiciado perspectivas casi anárquicas y violentas tanto como una toma de poder; por ejemplo, privilegiar una interpretación que rehúye del rigor académico en aras de la tan importante "edificación espiritual", pero sin preguntarse y recordarse respectivamente si se abusa o no del texto y que la hermenéutica, incluso la dependiente de la gracia y luz del Espíritu Santo, es un trabajo filosófico-cognoscitivo y comprensivo-explicativo; además, se tiende a evitar un esfuerzo por un acto y proceso hermenéutico-exegético intelectivo analógico[13] y por alcanzar en ese acto y proceso algún grado de objetividad que ayude a entender suficientemente al texto. Muchas veces el precio pagado por esas opciones ha sido la ausencia de una ética hermenéutica lo que a la vez ha conducido a un anarquismo y superficialidad en la interpretación del texto bíblico así como también a un equivocismo caótico el cual ha llevado a asignársele a ese texto significados frecuentemente cuestionables; en otras palabras, lo anterior se debe al hecho de basar el acto y proceso de interpretación desmedidamente sobre aquello que se cree es la luz genuina del Espíritu: la experiencia o la intuición particular, sin que medie un esfuerzo por verificar ni recuperar el significado del texto y de su autor.

---

las propiedades de esa realidad que indaga; en Reyes (2015) he señalado ese y otros aportes que rescatan el rol colaborativo del lector en el acto y proceso de interpretación como piensa Eco (1984, pp. 3-43).

[12] De ahí que, en mi opinión, aquellos teóricos dan la impresión de refugiarse en la hermenéutica y en la circularidad hermenéutica (contextualizadora), si bien lo hacen en términos "razonable", prudencial, plausible y verosímil; es el caso, por ejemplo, de aquellos grandes contribuidores al discurso hermenéutico: Schleirmacher, Gadamer y, en Latinoamérica, J. L. Segundo. No obstante, fallan en ese esfuerzo porque, al desatender la analogía —excepto, y en alguna medida, Gadamer, quien enfatiza la "prudencia"— su hermenéutica pareciera volverse excesivamente equivocista y, sobre todo en Latinoamérica, con fuerte sabor ideológico político; ver la propuesta de J.L. Segundo, en Roldán (2011, pp.125-155); ver también De Wit (2002) y Reyes Archila (1997).

[13] Más adelante, en el capítulo último, veremos lo que queremos decir por analogía hermenéutica.

Quizás un aporte más de la posmodernidad sea el esfuerzo por recuperar el pluralismo hermenéutico sano; en ese esfuerzo, sin embargo, ha corrido el riesgo de una apertura desmesurada rayando en el relativismo —que destruye a la misma hermenéutica y encierra contradicción semántica—,[14] la hostilidad contra el rigor epistemológico y el saber, y la sobrevaloración del caos, de lo absurdo, del sin sentido o de lo banal. Si la epistemología unívoca era y es de una estrechez inadmisible, esta es, pues, todo lo contrario: excesivamente abierta, débil y nihilista. Esta epistemología, de acuerdo con Flores Quelopana (2007), abre las puertas a la anarquía moral (contra los valores tradicionales) y, pensamos nosotros, quizás hasta el mismo fatídico retorno eterno neonietzscheanos que caracteriza nuestro tiempo.[15]

Esta breve descripción del panorama epistemológico de hoy permite ver que apremia que, en cada saber, incluyendo el campo de nuestro interés, el hermenéutico bíblico, se vuelva a esa racionalidad hermenéutica intermedia entre la univocidad y la equivocidad: la analógica que evite el rigorismo de la hermenéutica unívoca y la falta de rigor de la hermenéutica equívoca. Es lo que procuraremos en el capítulo sexto y séptimo de esta obra.

---

[14] "Contradicción semántica en los mismos términos que se unen, y en lo que se expresa; pues, paradójicamente, el enunciado que expresa el relativismo —a saber, que todo es relativo—, es él mismo un enunciado absoluto" (Beuchot, 2005a, p. 25).

[15] La vida, según Nietzsche, con el ascenso y descenso de sus fuerzas, está destinada a un recomenzar interminable, a un movimiento circular infinito en el que se da una repetición absolutamente idéntica de todo; ver sus obras en las que también ataca la moral cristiana *Así hablaba Zaratustra* y *El anticristo*, último que es un ensayo de una transmutación de todos los valores.

CAPÍTULO 3

EL PROBLEMA HERMENÉUTICO DE LA CONTEXTUALIZACIÓN DEL LECTOR EN EL ACERCAMIENTO AL TEXTO BÍBLICO

En el contexto occidental, la hermenéutica ha venido concientizándonos sobre uno de los más grandes y debatidos problemas con el cual se puede enfrentar todo intérprete por su misma historicidad en su trabajo hermenéutico: la subjetividad o ausencia de objetividad o de neutralidad.[1] Este trabajo de concientización habría de ser llevado a cabo principalmente por la hermenéutica filosófica en el contexto europeo, a través de uno de sus más destacados e influyentes representantes y precursores del pensamiento hermenéutico posmoderno; me refiero al humanista y filósofo alemán Hans-Georg Gadamer (1900-2002), con quien, según Thiselton (2009, pp. 148-161, 206-227), en la mitad del siglo veinte, la hermenéutica habría de experimentar su segundo giro, después del experimentado con la obra del más grande teólogo y filosófico del siglo diecinueve, juntamente con G.W.F. Hegel y S. Kierkegaard: F.D.E. Schleiermacher (1768-1834).[2]

---

[1] Problema ya ampliamente reconocido en la hermenéutica bíblica; ver, por ejemplo, Thiselton (1992); Padilla (2010).

[2] Schleiermacher es a la vez considerado como el padre de la hermenéutica moderna y de la teología protestante moderna, y quien definiría la hermenéutica no como "reglas de la interpretación", sino como "el arte o doctrina de la comprensión en general en todas las formas de comunicación entre los hombres", o como el arte de evitar el malentendido. Para evitar el malentendido, según este padre de la hermenéutica moderna, era necesario un canon de reglas tanto gramaticales como sicológicas que se aparten de cualquier atadura dogmática de contenido, incluso en la conciencia del intérprete. Siendo para él la reproducción esencialmente distinta de la producción del sentido del texto, llega a aquella célebre fórmula incesantemente referida y cuestionada hoy de que la tarea de la hermenéutica es "comprender a un autor mejor de lo que él se habría comprendido"; para más detalles ver Gadamer (2007, pp. 226-252). Posteriormente, Schleiermacher se movería de la hermenéutica inquisidora a una hermenéutica de la comprensión que examina la precondiciones de la comprensión. De ahí que sea con este hermeneuta que la hermenéutica vendría a ser también filosófica, no simplemente filológica ni limitada a un conjunto de reglas para interpretar los textos, y se comienza a

Sin pretender agotar la riqueza del pensamiento de Gadamer al respecto, en este capítulo, y en su primera parte, procuraré sintetizarlo, básicamente de su obra fundamental: *Verdad y método*. En la segunda y final parte, resumiremos su contribución y su desafío para la exégesis bíblica.

La historia efectual

Radicalizando la filosofía hermenéutica de su maestro, el filósofo existencialista M. Heidegger, Gadamer (1998, 1999, 1998, 2003) mueve la hermenéutica de la epistemología y del método, propios de las ciencias históricas y naturales del Renacimiento, Romanticismo y Modernismo, a la ontología y la lingüística; en otras palabras, Gadamer mueve la hermenéutica al ser, a la realidad, al lenguaje humano —mediador existencial de la experiencia hermenéutica— y a la experiencia antropológica o antrópica.[3] Para Gadamer, entonces, la hermenéutica es un modo de ser y, por ende, no metódica ni, por ende, sujeta a cálculo.[4] De este modo Gadamer

---

reflexionar sobre el elemento subjetivo o sicológico en la misma; Thiselton (2009, pp. 153-154; 1992, pp. 204-23); Pannenberg (1981, p.166); Karczmarczyk (2007, pp. 22-23). Ahora bien, respecto a lo que hemos venido reflexionando, cabría incluir también de otros autores que han tenido un papel importante en esa concientización, tales como P. Ricoeur, A. Thiselton, J. Habermas y, en nuestra región latinoamericana, J. S. Croatto (1984) y otros hermeneutas contemporáneos.

[3] De este modo, basado en la ontología de Heidegger, Gadamer (1999, pp. 11-224, 319-347) ontologiza, desregionaliza y universaliza la hermenéutica, ya que ella, y los grandes problemas que envuelve, conciernen a todas las esferas de la vida y a todas las ciencias. De acuerdo con Gadamer, interpretar es una capacidad natural de todo ser humano y de toda ciencia por medio del lenguaje —históricamente condicionado— y el diálogo; nada escapa de la interpretación y de los problemas que ella implica. Por ello es que Gadamer arguye que la hermenéutica, más que un método y epistemología, es una forma de ser intrínseca del ser humano. Ricoeur (1978, p. 232) resume esta ontologización así: "...en lugar de preguntar ¿cómo sabemos? se preguntará: ¿cuál es el modo de ser de este ser [en el mundo] que no existe sino comprendiendo?". Ver un análisis de la ontología de Heidegger en la determinación categorial del ser "ahí" humano, en González Serrano (2014).

[4] No en vano Gadamer (1998, p. 293) argumenta que la "palabra hermenéutica es antigua; pero también la cosa por ella designada, llámese hoy interpretación, exposición, tradición o simplemente comprensión, es muy anterior a la idea de una ciencia metódica como la construida en la época moderna". Por ese hecho, y si interpretamos correctamente a Gadamer, la hermenéutica nunca habría

distancia su hermenéutica de la clásica renacentista y modernista, y de la epistemología cientificista moderna la cual, según el cientificismo —siguiendo a René Descartes (1596-1650), padre del racionalismo moderno y de la duda sistemática—, guarda al intérprete del subjetivismo y del error, y lo lleva a un conocimiento objetivo y así único, claro y exhaustivo de los textos. Además, es de este modo que Gadamer desmitifica la pretendida objetividad de la metodología científico-empírica, la cual, según él, distorsiona y somete la verdad,[5] y no está libre de la intromisión del sujeto o de la metafísica la que por naturaleza es inverificable. Consecuentemente, Gadamer pone en la mesa del debate uno de los más grandes problemas que median en el proceso de la comprensión y con el que todo intérprete se enfrenta: la subjetividad. Pero tal subjetividad se origina por causa de la gran distancia temporal existente entre el horizonte de un hecho histórico y el horizonte de quien lo interpreta, es decir, entre la visión que posee el hecho (el texto) y la del intérprete en el presente.

La noción de distanciación temporal o histórica irá a desembocar en la teoría de la conciencia histórica, considerada la cima de la reflexión de Gadamer (Ricoeur, 1978, p. 241; Thiselton, 1992, p. 327). Para Gadamer la hermenéutica ha de comenzar desde la tradición histórica —a la que desean interpretar las llamadas ciencias del espíritu— y la experiencia del arte, no desde la razón individual como R. Descartes la entendía y proponía (Gadamer, 1999, p. 3).[6] Esto es porque para Gadamer el intérprete y el texto son "entes" ubicados en la historia, en el seno de una tradición e influidos por aquello que él denomina técnicamente bajo una categoría la que, según Ricoeur (1978, p. 241), no se deriva más de la metodología ni de la investigación histórica, sino de la conciencia reflexiva de esta metodología: historia efectual, conciencia-de-la-historia-de-los-efectos (Gadamer, 1999, pp. 449-458; 2007, pp. 331-377) o

---

estado interesada en algún sistema metodológico ni habría tenido como fin la formulación de una teoría metodológica, sino la llegada al lenguaje sobre el tema de la verdad; Gadamer (1998, p. 293- 308 cp. Thiselton (2001, p. 128).

[5] Convirtiéndola en un mero objeto pasivo, configurado e interpretado conforme a las categorías que el sujeto humano le impone; cp. Thiselton (2001, pp. 128, 131).

[6] Habría que recordarse que en el método de Descartes (1998) es fundamental que la reflexión filosófica empiece con el individuo a solas, es decir, el individuo desconectado del mundo o vaciado de todo aquello que lo pueda influir.

"sociología del conocimiento", como la define Gorringe (2001, pp. 90-94).[7] Con ello Gadamer quiere significar la esencia que une el pasado, el presente y el futuro, y que fluye debajo de la historia que no son más que las perspectivas o cosmovisiones que, mediante el lenguaje hablado agente existencial mediador de la experiencia hermenéutica, se han adquirido y se adquieren del contexto del que se participa sea este socio-cultural, político, económico o religioso; en otras palabras, es el fenómeno de apropiación espontánea y productivo de contenidos adquiridos. Esta contextualización, situacionalidad histórica y gran horizonte de vida y de conocimiento constituye, piensa Gadamer, en el telón de fondo de toda interpretación que es imposible de anular y hacer de este un proceso objetivo y racional, puesto que es parte y parcela del ser mismo ubicado en una tradición histórica y consecuencia de estar expuesto a su efecto poderoso. En sus propias palabras (Gadamer, *Kleine Schriften*, Tubinga, 1967, p. 158, citado por Ricoeur, 1978, p. 242):

> Con eso quiero decir que no podemos sustraernos del devenir histórico, distanciarnos de él, para que el pasado sea para nosotros un objeto…Estamos siempre situados en la historia…Quiero decir que nuestra conciencia está determinada por un devenir histórico real de tal modo que no tiene libertad de situarse frente al pasado. Quiero decir por otra parte que se trata siempre de nuevo de tomar conciencia de la acción que se ejerce así sobre nosotros, de manera que todo pasado cuya experiencia acabamos de hacer nos fuerza a hacernos cargo totalmente de ella, a asumir de alguna manera su verdad…

En la hermenéutica, insiste Gadamer (1999, pp. 449-451), la implicación principal es que esa imposibilidad de anular ese telón de fondo (la historia efectual o memoria histórica) nos permite interpretar o traducir a nuestra realidad subjetiva, conscientemente o no, los textos desde y dentro de una tradición, ubicación, situación u horizonte comunitario determinado. "Entender es, esencialmente, un

---

[7] Idea propuesta originalmente por Marx con la cual quería decir que el conocimiento yace situado socialmente y solo resulta inteligible en relación con dicha situación. Esta idea fue desarrollada posteriormente por Karl Mannheim, quien acuñó la expresión "sociología del conocimiento", y más reciente por Jürgen Habermas; ver Gorringe (2001, pp. 90-94).

Capítulo 3: Problema hermenéutico de la contextualización

proceso de historia efectual", opina Gadamer (1999, p. 448). De esa cuenta, no solo la tradición servirá de puente entre el intérprete y el texto, salvándolo de la distancia histórica y de la enajenación que sufre el significado del texto,[8] sino que también el influjo o la autoridad de la tradición —que no depende de su reconocimiento— va a ser poderosa sobre la conciencia humana finita del intérprete. Según Gadamer (1999, p. 450), negar ese influjo (la propia historicidad) mediante una fe ingenua sobre la objetividad que se haya de conseguir en los métodos científicos puede resultar

> hasta en una deformación real del conocimiento. Se sabe de tal cosa a través de la historia de la ciencia... Tal es precisamente el poder de la historia sobre la conciencia humana limitada: el poder de imponerse inclusive ahí donde la fe en el método quiere negar la propia historicidad [situacionalidad histórica hermenéutica]. De ahí la urgencia con la que se impone la necesidad de estar consciente de la historia efectual: se trata de la exigencia necesaria de la conciencia científica. Esto, sin embargo, no significa, de ningún modo, que ella se la pueda llevar a cabo pura y simplemente.

Sin embargo, para Gadamer (1999, pp. 436-448; 452-458 cp. Ricoeur, 2000, pp. 95-110), es necesario enfatizarlo, no solo el círculo hermenéutico (ver más adelante) y el lenguaje tienen en el comprender una función positiva, sino también la distanciación histórica —que demanda lingüísticamente un punto de contacto dialógico entre el intérprete receptor del mensaje y el texto comunicador del mensaje y el texto comunicador del mensaje; esto es porque tal distanciación histórica "no es un abismo devorador, sino que está lleno de continuidad de la herencia histórica y de la tradición, a cuya luz se nos presenta todo lo transmitido" (p. 445).[9] La función

---

[8] De este modo, ya no hay necesidad de proyectar al texto hacia el pasado (contexto histórico de producción), la audiencia original y el autor, ya que la tradición y las precomprensiones —conocimientos, prejuicios o datos primarios preliminares— se encargarán de interpretar al mismo.

[9] Si uno se recuerda, esto es contrario a la hermenéutica del siglo 17 y 18 para la cual la distanciación era un obstáculo para la comprensión. Por eso es que esta hermenéutica sostenía que, si el lector actual deseaba entender realmente un texto, debía vaciarse y procurar entrar en la mente del autor histórico y así reproducir lo que el autor original había tenido en mente. Como es sabido, J. Calvino

positiva es porque esta distanciación produce comprensiones preliminares del texto que, en lugar de oscurecerlo, contribuye más bien a esclarecerlo cuando se da un diálogo dialéctico a distancia entre la conciencia del intérprete y la del texto, finalizando en una fusión de sus horizontes; esto es, finalizando en una compenetración que se lleva a cabo sin reglas metódicas precisas en la conciencia del intérprete entre su horizonte actual —el ámbito propio y privilegiado que abarca todo lo visible desde un punto determinado dentro del cual el intérprete se mueve y este se mueve con él en un proceso de constante formación, que lo distancia, por ejemplo, del autor material del texto—[10] y el del texto —horizonte del pasado extraño o diferente de aquel del intérprete; al haber un horizonte común entre ambos da como resultado la comprensión de la "cosa" del texto —su verdad, o su sentido verbal mediando entre el signo y la referencia— el cual ya no pertenece más a su autor. La distanciación tiene otra contribución positiva para Gadamer (1999, pp. 451-458): impedir o deconstruir la interpretación objetiva y plena —que lo abarque todo y se comprenda a cabalidad los textos— aun si en ella se usare algún método científico que pueda evitar las arbitrariedades y caprichos de la subjetividad. La implicación es que para comprender la verdad de un texto son necesarias las comprensiones preliminares engendradas de lo que hemos heredado de la sabiduría o del sentido común de la comunidad que nos une con la tradición dentro de las cuales hemos nacido y

---

y Schleiermacher sostenían esta teoría hermenéutica; sin embargo, Thiselton (2009, pp. 21, 153-161) opina que a lo que principalmente Schleiermacher se refería era a la meta y propósito subyacente en el texto que señalan el deseo, voluntad y acción del autor que se evidencia en el texto y sus contextos literarios. Ahora bien, aunque para Gadamer el lenguaje constituye también un problema hermenéutico —ya que nuestra comprensión se restringe a los límites de nuestro lenguaje—, tiene una función positiva que es la de proveer las condiciones hermenéuticas para la comprensión, pues el mundo lingüístico es un mundo intersubjetivo que abre la posibilidad de la comunicación y posee una dimensión universal; aquí se percibe una vez más el giro ontológico que Gadamer da a la hermenéutica; Gadamer (2007, pp. 461-585); Thiselton (1992, pp. 322-323).

[10] Habría que recordarse que para Gadamer (1999, pp. 444-448) este autor material ha muerto, en su afán por superar el método objetivante en la hermenéutica. Para Gadamer el texto una vez escrito adquiere personalidad propia, independencia o cualidad supratemporal y, al pasar por el devenir histórico, es objeto de múltiples elucubraciones que se le van apropiando. De este modo, el texto desligado de la defensa paternal del autor, halla otro autor en el intérprete.

Capítulo 3: Problema hermenéutico de la contextualización

hemos sido educados; si entendemos correctamente a Gadamer (1999, pp.416-417, 449-451), la razón es porque no todas ellas serían necesariamente injustificadas, erróneas o distorsionadoras de la verdad que se pretende comprender, si se recuerda que los conocimientos preliminares que guían nuestra comprensión de un texto no es una acción de la subjetividad en sí, sino de la comunidad que nos une con la tradición. De ahí que para Gadamer esa sabiduría que se nos ha transmitido sea superior a la subjetividad propia de la conciencia individual desconectada de la tradición histórica, subrayada por el método cartesiano racionalista y empirista para el quehacer filosófico. Otra implicación es que para comprender la verdad de un texto el intérprete ha de poner en práctica la condición hermenéutica suprema que da inicio a esa comprensión: dialogar con el texto hasta que ambos logren introducirse en el horizonte del uno y del otro. Pero aquí, en ese viaje a la fusión, es fundamental reconocer la prioridad de la tradición respecto de nuestra compresión. También es fundamental reconocer en esa fusión la naturaleza interpelante de esa tradición, a la cual hay que abrirse, ya que, al ser el intérprete interpelado durante el diálogo, es capaz de reconvertir los signos escritos nuevamente en sentidos. Este es el modo cómo se realiza la tarea hermenéutica.

Conclusión

Se podría observar muchas cosas respecto a la propuesta de Gadamer. Aquí, sin embargo, observaré apenas lo siguiente que considero vale la pena recalcar. Por un lado, como piensa Ricoeur (1981, pp. 76-77), la hermenéutica de Gadamer se sitúa en la línea metacrítica o neohermenéutica al cuestionar y deconstruir los presupuestos de la hermenéutica racionalista y objetivista moderna que habría de pasar por alto la naturaleza intersubjetiva, ontológica y lingüística de la hermenéutica.[11] Por el otro, y más importante todavía, es que esta hermenéutica metacrítica deconstruye la pretendida objetividad y exhaustividad alegada por la interpretación y comprensión hermenéutica cientificista metódica racionalista.

---

[11] Esto se puede notar en la crítica que Gadamer más que nadie hace a Descartes y al Iluminismo respecto a su posición de árbitros del significado y de la verdad; Thiselton (2009, p. 226).

Además, contrariamente a la tendencia prevaleciente en la época de la Ilustración —en la que la noción de prejuicio habría no solo de adquirir una connotación negativa, sino también de ser condenada a fin de que no interfiriese contra el avance de la ciencia—,[12] Gadamer asigna a las comprensiones preliminares —generadas por la historia efectual— una función positiva como lentes que filtran toda interpretación. De modo que la propuesta hermenéutica de Gadamer termina así perdiendo la objetividad en el acercamiento al texto. Queda claro, pues, por qué ha sido atacada agudamente. Thiselton (1992, pp. 329-330 cp. 2001, pp. 128-129; Pannenberg, 1981, pp. 173-176) resume este ataque, arguyendo que el mismo ha sido frecuentemente desde dos frentes:

> Más notablemente Jürgen Habermas, quien, mientras concuerda con Gadamer en su arremetida contra el positivismo y racionalismo, insiste que el rol que Gadamer adjudica a la tradición raya en ingenuidad, ya que no da lugar suficiente a una posible distorsión ideológica o al engaño de la hermenéutica sicoanalítica. Como hemos visto, Emilio Betti ataca a Gadamer por claudicar de una noción de objetividad. Karl-Otto Apel concuerda con el énfasis de Gadamer sobre la intersubjetividad, pero arguye que él ha comprometido y relativizado lo que queda de la noción de racionalidad…Apel concuerda decididamente con Gadamer respecto a que el problema de la "comprensión" es universal, pero arguye que la hermenéutica implica una comprensión expandida de racionalidad, en lugar de alguna que se mueva en dirección al relativismo.
>
> Por otro lado, la evaluación que hace Richard Rorty viene desde un ángulo diferente. Rorty está de acuerdo con el énfasis que Gadamer hace sobre el rol de los prejuicios, la tradición, historia efectual, y la relativización de la finitud histórica radical. Pero Rorty arguye que Gadamer no ha llevado tanto la "verdad" a términos más pragmáticos…

---

[12] Esta negatividad afectaría al conocimiento histórico, y llegaría a formar parte de nuestra conciencia histórica hoy. Se puede entender por qué Gadamer procura volver positiva a esa noción en la hermenéutica. De este modo Gadamer vuelve positiva también la noción de autoridad aquella que ejerce la tradición sobre el intérprete al orientarlo desde un principio en su tarea.

Capítulo 3: Problema hermenéutico de la contextualización

Por su parte, Thiselton (1992, p. 330) considera, por ejemplo, que Gadamer establece la naturaleza fundamental del problema que plantea, incluyendo el rol universal de la hermenéutica, de la tradición, de la historia efectual y de la razón práctica en comunidad, todo ello ignorado incluso por el racionalismo. En la misma obra y página anterior, Thiselton considera también que Gadamer tuvo éxito en subrayar la importancia de la intersubjetividad y de la comunidad en relación con la verdad. No obstante, él ve que la ambigüedad, que Rorty y otros han observado respecto al relativismo contextual, pone en dificultades a Gadamer. Desde un punto de vista teológico, continúa Thiselton (en la misma obra y página anterior; cp. 2001, p. 129), es preocupante que Gadamer no haya propuesto otros criterios más que la *perfomance* o la acción del texto en sí para una interpretación textual. Más en relación con nuestro tema, nos parece que Apel tendría razón, ya que se percibe que la hermenéutica de Gadamer se mueve más allá del objetivismo hacia un cierto relativismo en el que todo vale y en el que toda interpretación vale lo mismo que cualquier otra; así, hablar de interpretación correcta o incorrecta para Gadamer pareciera ya no tener sentido, aunque frecuentemente alude al binario "correcto-arbitrario" en la interpretación (cp. Karczmarczyk, 2007, p. 41). Es más, en la propuesta de Gadamer la subjetividad pareciera volverse clave hermenéutica fundamental en el proceso interpretativo, ni se clarifica lo que él considera ser lo más crítico de la hermenéutica: el modo cómo se podría distinguir los prejuicios positivos (los que nos llevan a la comprensión) de los negativos (los que producen malos entendidos) en ese proceso, haciéndolo depender simplemente, del diálogo y de la virtud práctica del sentido y juicio común (*phronēsis*) (Thiselton, 1992, p. 327). Si bien Gadamer no habla de interpretación bíblica interesada en algún sentido preexistente codificado en el texto, y aunque enfatiza la mencionada virtud práctica en la hermenéutica, no presta suficiente atención a los criterios que rigen una verdadera interpretación; tampoco alude al papel que la ética, la fe y el poder pueden desempeñar, favorable o desfavorablemente, en esta, ni a algo fundamental en la hermenéutica bíblica: la iluminación de la regla de fe de Iglesia y del Espíritu Santo.

Con todo y las dificultades que la filosofía hermenéutica de Gadamer pudiera revelar e implicar, su aporte no debiera ser desmerecido por la hermenéutica académica y pastoral bíblica. Opino que ella se puede beneficiar de la hermenéutica de Gadamer de varias maneras. Una es mostrándole cómo la hermenéutica da razón de la historicidad o contextualización de toda comprensión (obviamente del lector/intérprete) y ofreciéndole los rasgos fundamentales de una teoría de esa comprensión. Sin embargo, ese aporte general de Gadamer le lanza al mismo tiempo el desafío de tomar conciencia de los problemas hermenéuticos que implica la historia efectual en su tarea con el texto sagrado. Esto es porque, aunque los conocimientos preliminares son inevitables en el ser humano y en la hermenéutica, y pueden contribuir en alguna medida positivamente en ella,[13] podrían también ser negativos; esto es, bloquear o distorsionar el modo de leer e interpretar el texto, enmudecerlo y hasta someterlo a la voluntad de poder al servicio de la agenda política, de deseos, de autoafirmación personal, o de fuerzas opresoras y de perspectivas sociopolíticas, culturales y económicas globalizadas de moda.[14]

Otra manera en que la hermenéutica bíblica se puede beneficiar de la de Gadamer es aceptando el desafío de tener en el momento hermenéutico una disposición de escuchar al texto con mayor diálogo hermenéutico circular o, mejor, espiral[15] con él y con mayor apertura

---

[13] De hecho, Thiselton (2009, p. 12) sostiene que los exponentes de la hermenéutica consideran que las precomprensiones constituyen un punto de partida más fructífero para la comprensión que el método cartesiano. La razón, prosigue Thiselton (en la misma página), es porque "estas sirven como fase adivinatoria, inicial o provisional en el viaje hacia una comprensión más completa" y correcta. ¿No fue con base a la precomprensión que el Antiguo Testamento ofrecía a los escritores del Nuevo Testamento que estos interpretaron el Evangelio de Jesucristo? Es claro que esta precomprensión era válida, contrariamente a muchas de las nuestras que pueden ser equivocadas; Thiselton (2009, pp. 76-83). Por otro lado, difícilmente se podría entender lo que un texto dice del amor, si no se sabe qué es el amor.

[14] Piénsese, por ejemplo, en las claves hermenéuticas subyugadoras del texto como, valgan los términos, las masculinizantes, feminizantes, homosexualizantes y otras.

[15] En lugar de diálogo hermenéutico "circular", preferimos hablar mejor de diálogo hermenéutico "espiral" porque este último denota un proceso dialógico constructivo que va desde un punto inicial hasta uno más completo, pero que retorna a ver si hay necesidad de alguna corrección o modificación de las precomprensiones, que ayude arribar a la comprensión del texto. Optamos por diálogo hermenéutico "espiral" también porque este diálogo desemboca en un proceso que examina las partes del todo y a la vez las relaciona con el todo; ver

al mismo. Diferenciando la filosofía hermenéutica de la filosofía tradicional, Thiselton (2009, p. 7), opina que el aspecto más creativo de la hermenéutica depende fundamentalmente de esa disposición. De ahí que, prosigue Thiselton (en la misma página), para una mayor apropiación de lo que se procure entender, la sensibilidad deba tener prioridad sobre el método tradicional de escrutar "objetos" de percepción, pensamiento y conocimiento; esto es porque en el racionalismo de Descartes, así como en el de otros filósofos racionalistas, observa Thiselton (2009, p. 8), "el ego humano como sujeto activo tiende a escrutar lo que quiere conocer como si este fuese un objeto pasivo... En cambio en la hermenéutica, el texto en sí (o lo que se procure entender) hay que permitirle operar como sujeto activo, que expone e interroga a su investigador humano, tomándolo como su objeto de indagación" (Énfasis suyo). Un resultado de esta simpatía, compañerismo o apertura al texto es que se le da la oportunidad de expresarse en sus propios términos, de interrogar a su intérprete y, si fuese necesario, de corregirle o moldear los conocimientos preliminares que prueben ser erróneos o impositivos, si el intérprete examina el modo cómo está exegetizando el texto con una medida saludable de sospecha (Ricoeur). No hay que olvidar que es fácil dejarse llevar por el engaño y el interés propio. Pensamos que solamente así el intérprete podría evitar someter al texto al más duro racionalismo o irracionalismo, o dispersarse en el error metodológico y epistemológico o en el solo placer de la lectura del texto como si su autor fuese irrelevante en la exégesis y careciese de un orden y propósito comunicativo y pedagógico.[16] Es así también como el intérprete del texto bíblico podría ser un intérprete analógico, es decir, un intérprete que se sitúa en el punto intermedio entre la epistemología positivista univocista y la romántica o posmoderna equivocista, como lo veremos en los dos capítulos últimos de esta obra. Finalmente, y a la luz del desafío y realidad anterior, la

---

Osborne (1991). De este modo ese diálogo no es infinito porque llega a su fin cuando el intérprete y el texto alcanzan la verdad en la fusión ya mencionada.

[16] No se puede negar que hay textos como algunos salmos que parecieran servir simplemente para producir un efecto de placer, pero acompañado de alabanza y gratitud. Solo placer, como en su crítica a Roland Barthes opina Thiselton (2009, pp. 335-336), sugiere un hedonismo o narcisismo desorbitado y un énfasis más en el lector que en el texto.

hermenéutica bíblica ha de ser más precavida, vigilante de sí misma y capaz de autoaplicarse lo que ya hemos recalcado: la sospecha hermenéutica de la que hablaba Ricoeur, y ha de ser realizada con mayor conciencia de la naturaleza del comprender humano, y de la gracia y luz del Espíritu Santo, el autor e intérprete infalible. Me gustaría pensar que solamente así podría ser más humilde, y atenta y respetuosa de la intención comunicativa del autor y del texto, y evitar que la voluntad de poder distorsione y vicie su tarea (Foucault, 1992, 2001 cp. Reyes, 2008, pp. 125-165); es decir, según la define Gadamer (1999, pp. 437-438), la tarea de explicar el milagro de la comprensión la que no se trata de alguna comunión misteriosa de almas, sino de la participación de un sentido común, agregaríamos nosotros, entre el texto, el autor y el lector.[17] ¡Qué desafío!

---

[17] Ya vimos que para Gadamer el autor histórico de un texto carece de importancia. El autor ha muerto en el texto y es el texto que se yergue ahora como el autor; de ahí que critique a Scheleiermacher de estar fuertemente influido por Kant, de ser objetivista y de no haber ofrecido una hermenéutica adecuada por estar obsesionado por la intención comunicativa del texto; sin embargo, como ya dijimos (nota 2 de este mismo capítulo), Thiselton (2009, pp. 153-154, 160-161) piensa lo contrario. En este sentido, la hermenéutica de Gadamer llama a una reelaboración de la obra por parte del lector; cp. Ulises Chialva (2007). Sin embargo, la reflexión hermenéutica de Gadamer al respecto gira en torno al arte de ficción, así como también la perspectiva de R. Barthes, quien, como ya lo dijimos —nota de pie de página 9 del primer capítulo de esta obra— radicalizaría no solo la muerte del autor, sino también el papel del lector en la lectura de los textos.

CAPÍTULO 4

EL IMPACTO HERMENÉUTICO DE LA CONTEXTUALIZACIÓN DEL LECTOR EN EL ACERCAMIENTO AL TEXTO BIBLICO

Al leerse el texto, la tendencia más generalizada es hacerlo bajo el influjo de la conciencia histórica, mayormente cuando no se ha tomado conciencia sobre este problema hermenéutico. Es obvio que, en tales casos, la prioridad de la lectura no estaría en lo que a la luz de nuestra teoría hermenéutica consideramos es la meta primera y básica de la tarea de interpretación: aquello que el autor del texto y el texto mismo quiere comunicar.[1] Las consecuencias principales de esta desatención del autor, ya lo hemos afirmado, es la proyección sobre el texto no solo de los ídolos propios —sean estos los deseos de la propia afirmación,[2] agendas socio-político-ideológicas, tendencias culturales, o todo aquello que de antemano se haya decidido sobreponer al texto—, sino también de la voluntad de poder personal o comunitaria. Esto es parte de la historia triste tanto del texto como

---

[1] Es claro que en el caso del texto sagrado nos referimos a aquello que Dios quiso comunicar a través de los autores humanos conocido como intención autoral —comunicativa, no sicológica— y significado divino (donde el énfasis recae sobre el autor divino). Se podría hablar también de una intención textual: lo que el texto quiere comunicar. Estos temas son complejos y problematizados por las teorías hermenéuticas de la actualidad y en las que el autor carece de importancia. Pero cualquiera sea la escuela hermenéutica que se practique —centrada ya sea en el autor divino/humano, solo en el texto o en una combinación de ambas— es nuestra convicción, quizás no fácil de ser compartida por todos, que se debiera leer el texto en consonancia con la comunidad hermenéutica antigua y contemporánea y a la luz de fe consensuada de Iglesia.

[2] Como cuando se busca en el texto aquello interesante que firma la propia identidad y justifica el estilo de vida que se disfruta, por lo cual se usa la Biblia como fuente de ingreso económico. Ya en el capítulo anterior hemos recalcado que ninguna interpretación (ni ciencia) es totalmente objetiva; sin embargo, tal verdad no significa que la hermenéutica tenga necesariamente que dispersarse en una hermenéutica subjetivista relativista posmoderna controlada por la filosofía hermenéutica de hoy.

de la mima hermenéutica y un acto deconstructivo hermenéutico sobre el texto.³

Quisiéramos que la conciencia hermenéutica histórica no sea una fuerza poderosa ni que la tarea hermenéutica textual sea política en todos. Pero lo son; es por esto, y por otras razones, que estaremos todos siempre en riesgo de imponer sobre el texto sagrado la voluntad de poder en distintas formas y en diferentes contextos hermenéuticos. De ahí que el propósito bastante sensible y nada desinteresado de este capítulo no sea otro, sino sintetizar críticamente, mediante el uso de algunos relatos recibidos —unos más cortos que otros— el impacto sobre el texto sagrado de la conciencia histórica en la hermenéutica académica y eclesiopastoral de nuestra región y allende de ella. Mal hermeneuta/exégeta el que crea debe quedarse con la última palabra, termina Gadamer con esta alerta su célebre obra *Verdad y método* (2007, p. 673).

Hermenéutica académica

La historia de la interpretación da cuenta de que el texto no siempre ha estado libre del influjo de la historia efectual; y, por ende, de la imposición cultural e ideológica de derecha o de izquierda subyacente en mucho no solo de las ciencias humanísticas, sino también de la hermenéutica/exégesis bíblica académico-cientificista dura.⁴ Tan pronto como la hermenéutica/exégesis bíblica se volvió científica, opina Barton (2001, p. 94), empezaron a aplicarse a la Biblia modernas disciplinas tales como la antropología social, la ciencia social y la sociología, surgidas entre finales del siglo XVIII y mediados del XIX. Durante los cien años transcurridos entre 1860 y

---

³ Este no es el espacio para discurrir sobre la actitud deconstructivista hermenéutica posmoderna seguidora de Nietzsche, una tendencia compleja y desafiante. Pero podría decirse que, entre otras cosas, esta desafía el poder comunicativo del lenguaje en sí y, por ende, la posibilidad de que el mismo pueda comunicar verdades tangibles; ver Derrida (1968); ver un resumen del deconstructivismo derridiano, en Beuchot (1997, pp. 14-17); Osborne (2007, pp. 482-489); Jasper (2004, pp. 111-117).

⁴ La ideología busca el poder y tiene así una función, entre otras, de dominación vinculada a los aspectos jerárquicos de la organización social; Foucault, (1992); Reyes (2008, pp. 125-165); Flores Quelopana (2007). Nuevamente, para un sentido constructivo del término "ideología", ver Estenssoro (2006, pp. 97-11).

Capítulo 4: El impacto hermenéutico de la contextualización

1960, prosigue Barton (en la misma obra y página), muchos estudios aportarían a la comprensión de la profecía, la realeza, los códigos legales y las federaciones tribales del Antiguo Testamento, al mismo tiempo que Ernst Troeltsch iniciaba el proceso del estudio sociológico del Nuevo Testamento. Muchos ejemplos, incluso de nuestro contexto, podrían ilustrarnos el influjo e imposición anterior en la hermenéutica/exégesis académica tanto del Antiguo como del Nuevo Testamento; sin embargo, a grandes rasgos mencionaremos aquí apenas algunos de los más extremos, comenzando con uno relacionado con el Antiguo.

De acuerdo con Barton, el trabajo de Troeltsch habría de preparar el camino a los análisis sociológicos de, entre otros, Norman Gottwald, quien reconoce su deuda con Durkheim, Weber, Marx y Mendenhall. Por medio de una clave hermenéutica marxista al Antiguo Testamento, Gottwald (1979) ve en este una versión de luchas de clases y de propiedad; consecuentemente, él verá que el Israel anterior a la conquista no fue sino una sociedad igualitaria, que proporcionaría el fundamento a la hora de hacer realidad el yahvismo israelita, el que a la vez respaldaría las relaciones sociales igualitarias. Sin duda, los enfoques sociológicos y académicos en general han contribuido a un mejor entendimiento especialmente sobre el trasfondo del texto y a una mejor percepción, entre otras cosas, que ciertamente es posible una relación funcional entre el contexto sociocultural del texto y las estructuras socioeconómicas contemporáneas basadas en la violencia, injusticia y explotación. Sin embargo, como Osborne (2006, p. 175) argumenta, se tiende a usar estos enfoques con el fin consciente o no de sobreponer, especulativa y anacrónicamente, en los textos una tesis o una postura ideológica de izquierda.[5] Seguidamente, Osborne, en esa misma obra y página anterior, agrega que:

> Norman Gottwald ha sido frecuentemente acusado de imponer su teoría liberacionista sobre los datos [del texto] (1979). Teoriza que fue el igualitarismo no el monoteísmo lo primario en la "revolución socio-económica" de Israel contra los cananitas. [Que] Yahvé era el símbolo de la revolución, no la

---

[5] No es tan cierto, entonces, que los análisis académicos y no académicos al texto sagrado estén libres de sobreponer al mismo perspectivas hasta de derecha política; contra Gorringe (2001, p. 98), quien piensa lo contrario.

razón para la misma. De ahí que la conquista de Canaán no haya sido sino socio-económica en vez de religiosa.

Es que cuando las presuposiciones, la especulación y el racionalismo adquieren rango de árbitros la interpretación objetiva y correcta será imposible. Y en lugar de la subordinación del exégeta al texto, el señorío sobre su contenido y la invención sobre el mismo serán realidad. Las teologías de la liberación extremas serían hasta hoy un ejemplo más contundente en nuestro contexto latinoamericano de una proyección ideológica de izquierda dura e incluso existencialista sobre los textos bíblicos. Es sabido que los teólogos de esta persuasión, al igual que todo intérprete, tienden acercarse a la Biblia con presuposiciones y claves hermenéuticas; pero estas suelen ser ideológico-políticas, incluso de género como lo veremos más adelante; además, tienden acercarse al texto con base a una agenda que tendría como meta loable la contextualización o relevancia de, por ejemplo, la solidaridad de Dios y la aplicación de su justicia al pobre y marginado de nuestra dolorosa realidad contemporánea.[6] Con todo, en el proceso exegético de las hermenéuticas feministas socio-críticas, la tendencia es dispersarse de esa meta loable; lo que se observa en estas hermenéuticas/exégesis es que parecieran intentar, mediante una actitud crítica radical, no solo corregir a los autores bíblicos, disentir con ellos y juzgarlos, sino también elaborar su intención comunicativa de autores;[7] el presupuesto básico desde el cual parte esta hermenéutica/exégesis es que el sentido de un texto no está depositado en él y que hay que extraerlo, sino que es un producto del encuentro de un texto con el lector (cp. Andiñach, 2012, p. 33,

---

[6] Todo ello con el fin de construir el Reino de Dios sobre la tierra bajo la forma de un sistema social en la que los pobres serían los privilegiados; M. Arias (1998, pp.17-18).

[7] O como lo expresara un líder fuera del feminismo quien, refiriéndose a 1 Corintios 6:9-10, argumentaba erróneamente que Pablo es un pretensioso que quiere ponerse por encima de Dios, al excluir de la salvación al grupo de personas que describe en ese texto. Sin embargo, este líder olvidaba, entre otras cosas, la inspiración divina y la enseñanza total de Pablo, y el contexto literario de ese texto (v. 11, especialmente), donde Pablo afirma indirectamente que sí hay salvación para ese grupo que describe.

Capítulo 4: El impacto hermenéutico de la contextualización

quien piensa así).[8]

Analizando socio-críticamente la primera epístola de San Pablo a Timoteo, en su obra *Luchas de poder en los orígenes del cristianismo* (2005, p. 20) Elsa Tamez dictamina:

> La Primera Carta a Timoteo exige ser leída y releída a la luz de nuestro tiempo. Pero con este texto no es posible aplicar los mismos criterios hermenéuticos a que estamos acostumbrados. En el proceso hermenéutico "ver [análisis de la realidad], juzgar [análisis e interpretación del texto] y actuar [práctica generada por el ver y actuar]", el momento de "juzgar"… es utilizado para iluminar la práctica a partir de la vida y su contexto…Con la Primera carta a Timoteo no ocurre lo mismo, pues en algunas partes, como, por ejemplo, donde se habla sobre las mujeres y los esclavos, la realidad adversa se da la mano con el texto. Nuevos pasos hermenéuticos han de agregarse en el proceso hermenéutico del texto. Uno de ellos es el de entender el texto a través de una reconstrucción, y el de disentir de ciertas afirmaciones del texto que contradicen el evangelio mismo. Comprender histórica y culturalmente por qué se afirma tal o cual cosa y tener la libertad de no acoger sus declaraciones porque, paradójicamente, van contra la voluntad del Dios solidario, debería ser un paso nuevo en la hermenéutica comunitaria de la Biblia.

Como esta autora declara, su análisis sociológico acertado de la epístola constituye un distanciamiento con respecto al autor, ya que, según ella, su relectura ha sido reveladora "como para seguir afirmando ciegamente y de manera fundamentalista todo cuanto el texto dice" (p. 167).[9] Es verdad que, para comunicarse, las Escrituras

---

[8] El sentido del texto surge ciertamente del encuentro entre el texto y el lector, y es definido por este; pero tal sentido no ha de ser anárquico, impuesto, creado, sino resultado de un diálogo dialéctico con el texto y su autor, sin descuidar que la intención del lector, aunque no es la principal, tendrá que coincidir con la del texto (y su autor) y ser validada antes de su contextualización. Ahora bien, es necesario subrayar nuevamente que la hermenéutica, e incluiría la exégesis, es arte y no un procedimiento mecánico y totalmente racional; por lo tanto, ni este diálogo colaboraría para la exploración <u>total</u> del sentido del texto.

[9] "Pero, en realidad", argumenta Tamez (p. 19), "muchas personas, con corazón ingenuo y sincero, acostumbradas a ver en la Biblia un discurso literal

se arraigan en la vida de los grupos humanos, y se abre camino a través de condicionamientos socioculturales de los diversos escritores/redactores que compusieron los escritos bíblicos; por eso, afirmar todo cuanto un texto pueda decir sin procurar leerlo dentro de su contexto sociocultural es improcedente hermenéuticamente hablando en la hermenéutica/exégesis occidental; mucho de los estudios sociológicos del texto, de esa cuenta, puede contribuir —y de hecho ha contribuido— a una mejor comprensión de los comportamientos sociales y los ambientes socioculturales que caracterizan los diferentes medios en los cuales las tradiciones se formaron y se transmitieron; esto es así, especialmente cuando la hermenéutica aplicada al texto está mediada por la ética y la fe. Pero es verdad también que la rigurosidad crítica reconstructiva puede llevar a callejones sin salida como los dos siguientes corolarios: 1) "si el trabajo de la sociología", afirma con razón la Pontificia Comisión Bíblica (1996, pp. 53-54), "consiste en estudiar sociedades vivientes, es necesario esperar dificultades cuando se quieren aplicar sus métodos a medios históricos que pertenecen a un lejano pasado"; los textos bíblicos ni los extrabíblicos, prosigue (en la misma obra y páginas) la Pontificia Comisión, proporcionan datos suficientes para ofrecer una visión de conjunto de la sociedad de la época; 2) el método crítico en general tiende a conceder a los aspectos del texto que más interesan, sean estos sociológicos, antropológicos o de otra naturaleza, mayor atención que a los religiosos; además, este método tiende someter al texto a la lógica racional implacable y soberbia, y de tender a tomar el lugar que le corresponde al Espíritu, sin que medie humildad y esperanza de ser enseñado por Dios.[10] Esto es también una toma de poder sobre el texto.

---

escrito con la inspiración del Espíritu Santo, lo sienten como normativo y sufren, ya que no entienden por qué Dios cambió de posición en estos textos. A otras personas les dará rabia. Rabia porque saben que la carta siempre ha sido normativa a lo largo de los siglos de la historia de la iglesia".

[10] Esto es, para volverlo a repetir, por causa del presupuesto hermenéutico básico señalado anteriormente y porque a la crítica misma pareciera no interesarle entender el texto en sí, mucho menos ser enseñados por él. Por lo general, en la hermenéutica crítica implacable el análisis del texto sagrado no es guiado por la piedad, si bien esta no siempre menosprecia el análisis académico erudito del mismo (Mr. 12:30). Es interesante que los mismos Reformadores enfatizaron no solo las limitaciones y falibilidad de la razón humana y de la investigación racionalista, sino

Capítulo 4: El impacto hermenéutico de la contextualización

Como podría haber quedado claro, nuestras observaciones no desmerecen el análisis crítico erudito del texto. Este es necesario y urgente frente al irracionalismo hermenéutico actual.[11] Nos parece que el problema es que no solo se impone la conciencia histórica y, por ende, una ideología, por ejemplo, económica y sociocultural moderna sobre el texto, sino que también se pretende corregir la intención comunicativa de su autor e imponerle así la propia como si el lector estuviese en condiciones de contribuir a la revelación; además, en este tipo de análisis la normatividad del texto tiende a ser selectiva conforme lo dicte la conciencia efectual (mentalidad e intereses particulares del lector).[12] Así, pues, aunque sea bien intencionado,[13] a pesar de cuanto digan sus representantes, se manifiesta perverso y destructivo para la fe; mucho más al no mediar frecuentemente en él la piedad ni la luz del Espíritu ni la autocrítica o sospecha hermenéutica ni el consenso teológico de la Iglesia a través de su historia ni concientización alguna de que es apenas una herramienta exegética complementaria al servicio de la revelación escrita, no viceversa. ¿No se podría observar lo mismo de otras

---

también la humildad, la reverencia y el temor del lector cristiano en la lectura del texto sagrado.

[11] Es necesario porque la Palabra de Dios inspirada se ha expresado en lenguaje humano y mediante autores humanos condicionados por su época, cuyas capacidades y posibilidades eran limitadas. Y, como discutiremos en otro capítulo de esta obra, lo que urge hoy en realidad es una hermenéutica analógica.

[12] En esa misma página 167, Tamez deja ver esta selectividad de un modo neortodoxo al declarar que en su diálogo con el texto ha estado de acuerdo con el autor en algunos puntos como, por ejemplo, "que el amor al dinero es la raíz de todos los males, que la piedad no es ningún negocio lucrativo —como piensan hoy algunos predicadores— y que los líderes de la comunidad no tienen que ser mujeriegos ni borrachos ni pendencieros ni amantes del dinero o de las ganancias mal habidas".

[13] Sobre todo, cuando la intención, como la de Tamez, es correcta: contextualizar el texto y mostrar el rostro solidario de Dios, haciéndonos ver el error en que hemos caído muchas instituciones, tradiciones e intérpretes de valernos de los textos de esta carta (y de toda la Biblia) para ejercer dominio y consolidar ideologías de poder en la Iglesia, el hogar, la sociedad o en una comunidad particular. Todo lo anterior en detrimento de un género o de un grupo social, sin tomarse en cuenta que el canon bíblico hay también narraciones de terror tales como opresiones y discriminaciones de personajes que no están registrados para imitarse, sino para ejercer una función pedagógico-profética. No todo lo que un personaje bíblico haga puede ser imitable, a la luz del canon total del texto sagrado.

hermenéuticas y exégesis de alto vuelo académico como las histórico-críticas y la conservadora histórico-gramatical? Habría que recordar que nuestra exégesis protestante es por naturaleza una exégesis racionalmente inquisitiva que no siempre ha tenido presente los peligros que ha entrañado la interpretación privada de las Escrituras (2 P. 1:20-21).

La hermenéutica feminista, surgida hacia fines del siglo XIX en los Estados Unidos de Norteamérica, es un fenómeno complejo que no se lo debiera simplificar, ni aun vérselo como movimiento monolítico, aunque que tanto en Estados Unidos como en América Latina su unidad está en su intenso y loable compromiso con la vida y derechos de la mujer; no es de extrañar que haya planteado y plantee hoy una crítica aguda al androcentrismo y sexismo prevaleciente tanto en la teología, la misión y el ministerio pastoral como en la hermenéutica y sociedad burguesa capitalista en todo el mundo.[14] Sin embargo, aunque la hermenéutica que mencionaremos a continuación pareciera ser más un método teológico que hermenéutico bíblico,[15] surgida en los noventas del siglo XX pasado, ha ido más allá de lo anterior; esta hermenéutica ha ido a una defensa radical de las comunidades homosexuales y hasta a un intento por sobreponer una hermenéutica política sexual sobre la teología, la política, los símbolos cristianos, los personajes bíblicos (tales como Jesús de Nazaret), el texto y la misma cultura contemporánea. En su obra *La teología indecente: Perversiones teológicas en sexo, género y política* (2005, p. 19), Marcella Althaus-Reid declara que su propuesta es una "continuación crítica de la teoría de liberación feminista mediante un enfoque multidisciplinario y que se surte de la teoría sexual..., de la crítica poscolonial..., de estudios y teologías de la homosexualidad... de estudios marxistas..., de la filosofía continental... y de la teología sistemática"; es una teología que su autora denomina indecente en la que convergen la teología de la liberación, la teoría *queer*, el

---

[14] Hay quienes piensan que la teología feminista ha contribuido también a la reivindicación de los cuerpos sexuados de las mujeres, al desarrollo de mariologías particulares, a la apuesta de una espiritualidad cosmoteántrica donde se establece un nuevo pacto con la naturaleza, entre otras cosas; ver Martínez Andrade (2014); ver otros aportes en Bedford (2008, pp. 201-218)

[15] De hecho, hay quienes piensan que la hermenéutica feminista en general no ha elaborado un método nuevo alguno. Se sirve de los ya existentes, especialmente del histórico-crítico, como es evidente en Tamez.

posmarxismo y el análisis poscolonial. La teología indecente parte del presupuesto que toda teología es un acto sexual y contextual, e intenta así una revisión crítica de la liberación y de la teología de la liberación feminista, por su idealismo, sus visiones románticas de la feminidad y su aferramiento a epistemologías sexualmente hegemónicas (Althaus-Reid, 2005, pp. 18-19). De ahí que la teología de la liberación y de la liberación feminista tradicional no estén en capacidad de liberar, si continúan aferrándose a narrativas heterosexuales hegemónicas (Althaus-Reid, 2005, pp. 18-19);[16] su fin es, por lo tanto, explorar el círculo contextual y hermenéutico de sospecha, cuestionando la forma de hacer teología en el contexto liberacionista tradicional; en otras palabras, su fin es deshegemonizar el método de la teología en la que subyace una ideología sexual normativa que produce una figura asexuada del pobre; como continuadora de la teología de la liberación, su fin es también ampliar las reflexiones sobre la mujer y la pobreza (Althaus-Reid, 2005, pp. 16-19). Althaus-Reid (2005, p.21) declara que la teología indecente "es lo opuesto a una teología canónica sexual centrada en la regulación de las prácticas amatorias justificadas como normales por modelos de infraestructura económica donde todo lo que queda fuera de la heterosexualidad patriarcal hegemónica es devaluado y espiritualmente alienado". Por eso, según esta autora (2005, p. 114), la teología de la liberación, diríamos, tradicional se ha quedado y queda corta en su intento liberacionista por razón de su colonialismo y sus principios heterosexuales estereotipados.

Conforme a lo anterior, Althaus-Reid someterá al texto narrativo a una lectura hermenéutica indecente, previamente a lo cual ella (2005, p. 104) aclara lo que hermenéuticamente entiende con su uso de los términos "perversión" e "indecencia"; así, en la misma obra y página, declara que "una per-versión de algo es un camino elegido o una vuelta dada en el dietario vital. El 'indecentamiento' de María

---

[16] Es que para tal teología la sexualidad no debiera entenderse dentro de la perspectiva heterosexual, de lo contrario no solo se cae en el binarismo (masculino/femenino) toda vez que es jerárquico y político, sino que también, agregaríamos nosotros, se incurre en una culpa homofóbica actualmente penalizada en la mayoría de los países del mundo. Por ello es que Althaus-Reid defiende la bisexualidad, lo transgénero, la transexualidad y el movimiento *queer*, arco iris de identidades sexuales.

es por tanto el acto de per-vertir un símbolo religioso eligiendo otro modo que permita a las identidades fijas ser, como es la vida, más imprecisas y mutables". Seguidamente (2005, pp. 104-105) agrega, perversa y blasfemamente: "Robert Gross lo hace en su estudio sobre la cristología homosexual considerando 'cuán natural es que los cristianos homosexuales reclamen a Jesús sensible a lo gay/lésbico y construyan un Cristo homosexual' (Gross, 1993, p. 82)". Siguiendo la hermenéutica de Gross, Althaus-Reid (2005, pp. 104-105) cita los principales puntos teológicos *queer* de la cristología de este activista considerados, según ella, útiles para el proceso de "indecentamiento" de la Virgen:

> 1. La historicidad de los símbolos religiosos ha de ser considerada. En este caso, el hecho de que Jesús sea un personaje histórico es relevante. 2. Cuenta el aspecto andrógino de la construcción simbólica. Jesús lo tiene. 3. ¿Hay relaciones sospechosas o esqueletos ocultos en el armario de Jesús? He ahí las viejas especulaciones y rumores hermenéuticos, difíciles de eliminar y muy creíbles, acerca de la verdadera naturaleza de la relación entre Jesús y Lázaro como evidencia de la homosexualidad de Jesús.

Más adelante (p. 185 de su misma obra citada), siguiendo el método de "ver, juzgar (o discernir) y actuar", Althaus-Reid, mediante un lenguaje metafórico, señala que la lectura del texto sagrado corresponde al paso dos: "juzgar o discernir", pero que es un proceso fluido, dinámico y real, no algo que se toma de las páginas de un manual académico de teología hecha por uno mismo o de una reunión formal de un comité eclesiástico. A fin de ilustrarlo, argumenta que

> Podemos tomar nuestro esbozo de exégesis de un Lázaro gay del último capítulo [del anterior de su obra que es lo ya citado arriba]. Sólo un hombre cuya experiencia vital se compone de rupturas con amantes o abandonos por parte de éstos, y con la tensión de mantener el juego el baile de máscaras heterosexuales en su trabajo y en la familia, puede ver una dramática historia de amor entre Jesús y su íntimo amigo. El momento de juzgar viene al analizar esta situación y no al demostrar por mediación de comentarios bíblicos qué es

Capítulo 4: El impacto hermenéutico de la contextualización

históricamente correcto o falso (como si alguien pudiera llegar a saberlo, al cabo de veinte siglos y con una magra narrativa evangélica que se queda corta como biografía de Jesús). Después del comentario hecho por alguien podemos compartir las experiencias de otras personas y alguna forma de afirmación del amor mostrado por Jesús desafiando lo convencional. Por ejemplo, crear un escándalo público en un funeral y resucitar a un amigo no es en modo alguno decente ni convencional.

La teología indecente ha recibido todo tipo de comentarios que van desde aquellos que la ensalzan —incluso mediante homenajes especiales— hasta aquellos que la critican severamente.[17] Por nuestra parte observamos que, además de evidenciar una tendencia sexual ideológica perversa, propia de las tendencias de la cultura contemporánea, esta teología se constituye en un ejemplo magistral más de aquellas novedades teológicas imaginativas de moda en nuestro contexto; tales novedades no hacen más que destruir hasta la misma hermenéutica guiadas por la interpretación privada del texto y por la premisa literaria contemporánea de la autonomía del texto de su autor y de su contexto de producción.[18] Este tipo de rupturas hermenéuticas y epistemológicas deconstructivas pueden ciertamente de alguna forma, por los cuestionamientos que plantean, contribuir a un proceso de autocrítica respecto a cualquier mecanismo de género

---

[17] Aunque Martínez Andrade (2014), por ejemplo, le lanza críticas desde un punto de vista sociológico, señala como uno de sus aportes el poner en la mesa de discusión de los liberacionistas el papel de la sexualidad como construcción socio-histórica y su implicación en la teología que se viene elaborando en clave de liberación. Otros, en cambio, la catalogan de simplemente retóricas y sin fundamentos teóricos ni hermenéuticos (Zegarra, 2011).

[18] De nuevo, ya nos hemos referido a esta premisa aquí y en otros lugares, cuyo resultado es que lo que el texto significa no va a coincidir más con lo que su autor ha querido decir. Para Ricoeur, la escritura sirve únicamente a la fijación del acontecimiento del discurso que lo salva de la destrucción. Más adelante dice: "Significación verbal, esto es, textual, y significación mental, o sea, psicológica, tienen en adelante destinos diferentes" (1978, p. 255). Nosotros vemos que así la interpretación de la teología indecente se dispersa en el sicologismo, la subjetividad y la especulación, y tampoco deviene en un trabajo realmente hermenéutico serio sobre el texto; razón tendrían quienes piensan que esta teología no es académica y que, por ende, se sitúa en el reverso perverso del pensamiento teológico y hermenéutico de rigor aceptable y saludable.

oculto que deshumanice tanto a mujeres como a hombres.[19] Pero, como ya lo dijimos, carece de un fundamento hermenéutico-exegético serio y, mucho más, analógico; y con ello genera una especie de contextualización que no solo vacía el texto de su mensaje auténtico, sino que también se convierte en deconstrucción o, más exactamente, en una transmutación nietzscheana acrítica tanto de valores sexuales como de doctrinas o teologías, sumándose a las ya existentes en nuestro contexto; es que las transmutaciones extravían, mucho más cuando son productos de la sola deconstrucción y de una metodología hermenéutica de contextualización privada y sospechosa; ni teología ni la hermenéutica deben ser solo deconstrucción ni denuncia profética ni privada, sino también construcción y comunitarias, por más tentativas que puedan ser (Bedford, 2008, p. 219). Quizás por su misma tendencia extremista esta teología y su hermenéutica han tenido poca repercusión en mucho de nuestros contextos eclesiásticos; no obstante, es increíble su influjo tanto sobre la cultura religiosa y civil en general como sobre la teoría y práctica hermenéutica, y sobre ciertas doctrinas y teologías de nuestro contexto eclesiopastoral actual.

Mucho se podría reflexionar respecto también a los códigos ocultos de poder antisemíticos, racistas, androcéntricos y otros que se tiende en la academia a imponer sobre el texto, a fin de encubrir o validar ideología política moderna o posmoderna determinada; además, mucho se podría reflexionar respecto a metodologías hermenéutico-exegéticas académicas provenientes de contextos desarrollados; estas metodologías tienden también a proyectar sobre el texto no solo la conciencia histórica y al particular criterio de los eruditos, sino también —volviéndolo a repetir— un academicismo duro que lo somete y limita su beneficio al ámbito privado de los especialistas.

---

[19] El género no es sinónimo de sexo ni de mujer. Junto a Robert Stoller, Bedford (2008, pp. 66-67) opina que, contrariamente al sexo, el género es independiente del sexo biológico, ya que tiene connotaciones sicológicas y culturales, y es un artefacto de la cultura humana y no una categoría sobrenatural; por tanto, la perspectiva de género permite analizar y comprender las características que definen a las mujeres y a los hombres, y sus semejanzas y diferencias. La perspectiva de género, afirma Bedford, no es cosa de mujeres.

Capítulo 4: El impacto hermenéutico de la contextualización

Hermenéutica eclesiopastoral

Valdría la pena, pues, volver nuestra mirada a la hermenéutica eclesiopastoral y hacernos las siguientes preguntas: ¿Cuál es su hermenéutica? ¿Qué clave hermenéutica la guía? ¿Qué hay detrás de esa clave? ¿Qué la justifica? No hay respuestas fáciles, satisfactorias ni neutrales a tales preguntas; lo que sigue son apenas pocas narrativas relacionadas con el amplio espectro eclesiopastoral latinoamericano, que procuran señalar el impacto de la conciencia histórica sobre el texto y sus consecuencias para la teología, la propia tarea hermenéutica e incluso la propia pastoral. Estamos conscientes, sin embargo, de que también en este ámbito habrá siempre honrosas excepciones. Por lo tanto, mal haríamos en generalizar, en este intento que, al igual que los relatos anteriores, tiene un propósito constructivo; y este es de servir como una invitación a reflexionar y a la vez iniciar (actuar) juntos la búsqueda de una hermenéutica que nos permita acercarnos de un modo más justo al texto, conforme a su estatus literario y ontológico. Entendemos que esta búsqueda siempre será complicada debido a varios factores como el problema hermenéutico de la conciencia hermenéutica histórica del cual nadie que viva inserto dentro de la historia humana puede librarse; pero consideramos que estando todos apercibidos de ese problema y usando una hermenéutica/exégesis sustentable es posible lograr algún grado de objetividad que impida la dispersión en el subjetivismo extremo impropio de la analogía.[20]

El primer relato es compartido por el teólogo naturalizado costarricense Juan Stam (2010, p. 1); y gira alrededor de una interpretación del relato de Mateo 16:19, en una predicación televisada; según Stam, evidenciando una adhesión a la teología llamada del "traspaso de las llaves", y sin mayor profundidad exegética, el teleintérprete argumentaba: "El texto no dice: aten

---

[20] Volviéndolo a decir, no existe *per se* una hermenéutica inocente ni observadores parciales del texto; por eso es necesario estar apercibido de este problema, usar una exégesis adecuada y dejarse guiar por las propias estrategias del texto, a fin de alcanzar ese grado de objetividad suficiente con humildad y piedad. Ahora bien, la historia humana incluye una inserción también en una tradición cristiana y escuela teológica, incluso hermenéutica, hacia las cuales el texto puede verse manipulado.

ustedes lo que está atado en el cielo. Al contrario, somos nosotros los que atamos en la tierra. Es una sinergia". Evaluando esta hermenéutica, Stam observa que, entre otras cosas, ella termina colocando al ser humano en el lugar que le corresponde a Dios, es decir, termina enseñando erróneamente que nuestra acción vale en lugar de la de Dios. Aunque Stam pareciera olvidar la colaboración de la propia persona mediante el esfuerzo de la obediencia a Dios y la progresiva santificación, él tiene razón; ya que, al ser pobre exegéticamente, y al anular la cualidad narrativa del texto, esta hermenéutica termina desvirtuando su intención teológica o religiosa, pasando por alto su contexto histórico y sometiéndolo a una forma de alegorización, al imponerle el nuevo *corpus* doctrinal privado que pulula en determinados círculos: "Traspaso de las llaves"; "Declaración positiva", "Manto profético de Elías" y otros.[21]

Un segundo relato viene de un manual devocional, compartido también por Stam (2004, pp. 52-54, citando a un manual devocional de amplia circulación). Según Stam, la guía devocional del día interpreta y contextualiza Éxodo 17:8-6, la batalla de Israel contra Amalec; pero la hermenéutica usada alegoriza y a la vez deshistoriza desastrosa y crudamente la narrativa, es decir, pasa por alto su contexto histórico y teológico de composición, a tal punto que no precisa explicación ni comentarios:

> El viaje de los israelitas a través del desierto fue marcado por incesantes combates: un enemigo, el Faraón, se había opuesto a la salida de Egipto; otro, Amalec, los atacó desde las primeras etapas; otros, como Edom, los cananeos, los amorreos y Moab, combatieron contra ellos cuando estuvieron cerca de llegar al

---

[21] Al igual que el movimiento de la Nueva Reforma Apostólica, la hermenéutica que hemos narrado está en estrecha relación con la teología de la prosperidad y, por ende, mayormente con la economía de derecha política. Como se sabe, la teología de la prosperidad es un énfasis no monolítico disperso en muchas iglesias, ministerios paraeclesiásticos y medios masivos de comunicación; pero bien se podría decir que su propuesta es que el creyente, en tanto hijo del Rey, tiene derecho de apropiarse de los beneficios múltiples de Dios, especialmente aquellos que tienen que ver con la abundancia económica. Consecuentemente, esta teología pone un énfasis desmedido en las riquezas materiales y la convierte así en una medida de la fe y hasta de la espiritualidad cristiana; además, tiende a releer el texto desde la lógica del mercado total, lo que la obligaría a articular el nuevo cuerpo doctrinal mencionado.

país de la promesa. Asimismo, la vida del creyente está hecha de combate. Las potencias enemigas están bajo tres banderas: Satanás, el mundo y la carne (o el "yo", nuestra vieja naturaleza). Amalec (Éxodo 17.8-16) es una figura de la batalla que tenemos que dar contra esa carne. Esta es un temible enemigo. Ninguna derrota lo vence definitivamente, la guerra contra Amalec debe durar "de generación en generación". Mientras estemos en nuestros cuerpos de flaqueza, tendremos que pelear contra nuestro "yo".

Podríamos continuar con muchos relatos más de cómo tendemos a proyectar la conciencia histórica sobre el texto, sometiéndolo hermenéuticamente a nuestros propios intereses y a una alegorización como resultado de una interpretación privada.[22] Pero terminaremos con el siguiente y último por ser también elocuente. Fazer Padilla (2010, p. 28), nos relata que en un estudio grupal sobre el Salmo 1 se analizaba las dos primeras líneas del versículo 3:

"Es como el árbol
        plantado a la orilla de un río…" (NVI)

Fazer Padilla agrega (en la misma obra y página anterior) que a la pregunta sobre el significado de esa figura de lenguaje ("símil") la respuesta primera fue una espontánea: "Puede caerse y la corriente lo

---

[22] Los hermeneutas patrísticos antiguos también mostraban poco interés por el marco o contexto histórico de los textos, ya que su propósito era muy distinto a la de nuestra hermenéutica moderna de hoy. Un caso sui géneris fue Orígenes de Alejandría, el más grande de los escritores, teólogos, hermeneutas y biblistas cristianos de la Iglesia posapostólica. En el capítulo cuarto de su obra De principio (2002), Orígenes expuso sus principios para la interpretación de las Escrituras que lo condujo a una excesiva exégesis alegórica que rayaba en una hermenéutica griega con la cual él tuvo contacto. De ahí que, junto con su aporte teológico, le haya valido la condena de la Iglesia de su época y, desde la Reforma Protestante (especialmente con Calvino) la sospecha y rechazo de los exégetas contemporáneos nuestros, aunque esta sospecha y rechazo se extiende a la exégesis patrística en general, tanto oriental como occidental latina. Aunque no podríamos asegurar el influjo de Orígenes en los casos que hemos narrado, es de notar sus semejanzas en el abordaje del texto, creatividad y exceso en el que no cuenta un al menos intento de resguardarse con la fe y teología correcta de la comunidad eclesiástica que el mismo protestantismo lo ha recomendado; ver en Thiselton (1992, pp. 190-191) el caso del hermeneuta inglés William Tyndale, ya en su época alertaba contra los daños de la interpretación privada.

llevará". Luego, ella se pregunta: "¿Dónde vive ese estudiante?". Acto seguido se responde: "Obviamente no vive en las áridas tierras de Palestina, donde se escribió el Salmo, sino en una isla en el Delta del Río Paraná, un sector castigado por las inundaciones" (p. 28). Este ejemplo sencillo e ingenuo ilustra, pues, el influjo poderoso de la situacionalidad o contextualización de todo intérprete que en este caso conduce tanto a descuidar, entre otras cosas, el contexto literario del texto —las líneas anteriores y posteriores del salmo— y, por ende, su intención poético-comunicativa-teológica como a imponérsele una especie de realismo contextualizado antiteórico y de pura aventura interpretativa.

La interpretación del texto sagrado en el campo pastoral posdenominacional[23] también pareciera depender del influjo de la conciencia histórica que de una hermenéutica comunitaria y consciente de una metodología. Es una interpretación, valdría decirlo de entrada, que depende de la fenomenología de las respuestas de la fe del intérprete como individuo —semejante a una obra de arte personal existencial—, frecuentemente en discordancia con la fe y teología doctrinal consensuada de la Iglesia; además, es una interpretación que tiende casi siempre a manipular a la feligresía y también al texto con fines económicos y políticos.

En el campo pastoral en mención, la lectura del texto tiende a hacérsela en clave hermenéutica "del Espíritu", la cual, según se afirma, discierne el mover apostólico.[24] El andamiaje hermenéutico epistemológico en el que se fundamenta esta clave es la premisa de cambio: al cambiar en una nueva comunidad los criterios de juicio y

---

[23] Uso el término posdenominacional como paraguas de aquellos nuevos movimientos protestantes en constante mutación y que crecen vertiginosamente independientemente de toda estructura denominacional tradicional, o de las tradiciones protestantes evangélicas históricas. Uno de ellos es el pospentecostalismo, cuyo nombre actual es Nueva Reforma Apostólica (NRA), vinculada a la teología de la prosperidad y más con la política y economía de derecha que con el reino de Dios. Es, pues, a la hermenéutica de la NRA que me referiré en esta sección de la obra. Para una descripción de la NRA, ver en la red el artículo de Campos (2008); Ocaña Flores (2013).

[24] En principio esta clave es correcta, pues las Escrituras han de leerse tanto en dependencia de la iluminación del Espíritu como en humildad y esperanza de ser enseñados por Dios, que no nos excusa de la lectura erudita de ellas. En lo que sigue me basaré esencialmente en el esbozo hermenéutico que proporcionan Campos (2008) y Reyes (1997). No apuntaré, entonces, las páginas de ambas fuentes.

Capítulo 4: El impacto hermenéutico de la contextualización

de valor por causa de nuevas experiencias religiosas, cambian los cánones interpretativos que hayan regido la hermenéutica en el movimiento tradicional de la que evoluciona esa nueva comunidad.[25] En otras palabras, la hermenéutica del Espíritu opera sobre la base de la experiencia, pero esta es una experiencia de lo sobrenatural que en sí misma, según Campos (en la misma fuente señalada) es verdadera para el sujeto que la vive y no puede ser cuestionada por ningún otro que no la viviere; "solo puede constatarse su autenticidad y legitimidad, y si se entra en la misma dimensión o la misma lógica, puede ser también extensible a otros". Ahora bien, prosigue Campos (en la misma fuente anterior),

> ¿dónde estaría entonces la clave que permitiría desentrañar el nudo gordiano del problema? A mi juicio, en la comprensión de la experiencia nueva que generó la nueva racionalidad, es decir en la lectura apropiada de la reafirmación del carisma apostólico y profético, así como en el uso consecuente de un nuevo instrumental de comprensión que llamaremos <u>provisionalmente</u> Hermenéutica del Espíritu. (El subrayado es mío)

La hermenéutica posdenominacional (entiéndase, posapostólica o NRA) del Espíritu no nos presenta ejemplos, al menos claros, de cómo ella operaría en la interpretación del texto; pero a la luz de lo afirmado por Campos se puede entender que su función como instrumental de comprensión es sobreponer al texto, y legitimar con base al mismo, la revelación directa que se supone Dios hace hoy a su pueblo;[26] esto es porque, según esta racionalidad —discurso

---

[25] La nueva comunidad es, según Campos, el pospentecostalismo (NRA) en tanto que la tradicional es el pentecostalismo clásico; la experiencia sobrenatural es la experiencia e investidura profética, apostólica y otras prácticas del NRA que se constituyen en expresiones más precisas de la pentecostalidad: "En efecto, a más de un siglo de manifestaciones pentecostales en el mundo, se ha venido a sumar una experiencia nueva con relación a lo sagrado que se expresa en la reafirmación de todos los ministerios, con especial notoriedad el profético y apostólico, al punto que los propios pentecostales mal equipados para discernir este suceso del Espíritu, cuestionan su veracidad y con ligereza lo rechazan calificándolo de herético. Asistimos, en mi opinión, a una nueva trasformación (*aufgebung*) en el orden del conocimiento de lo sobrenatural del pentecostalismo tradicional (que maneja una lógica diferente y tal vez más radical), con relación a la Experiencia del Espíritu".

[26] Es claro que los receptores privilegiados de esta revelación extracanónica son principalmente los profetas, uno de los cinco ministerios (ministerio quíntuple).

fundado sobre la experiencia— la revelación total de Dios no está en la Biblia.[27] Por ejemplo, Campos (en la misma fuente señalada) opina que con relación a lo que ocurre hoy, él ve la generación del cambio en la nueva unción que ha caído sobre los creyentes que oran:

> En la nueva terminología se la conoce como el manto profético de Elías que desata lo sobrenatural en una nueva dimensión no antes vista (una doble porción del Espíritu) y que se expresa visiblemente en una investidura profética y apostólica, afectando radicalmente al liderazgo y provocando la explosión o crecimiento de las Iglesias, de manera similar a lo que ocurrió en el siglo primero, inmediatamente después de Pentecostés: Multitudes (3,000; 5,000 y muchas más) personas se convirtieron a Dios (Hch. 2.41; 4:4) y el Señor añadía a la iglesia cada día aquellos que habrían de ser salvos" (Hch. 2:47), ya que en aquellos días los cristianos permanecían en la doctrina de los apóstoles, en la comunión unos con otros, en el partimiento del pan, y en las oraciones (Hch. 2:42). Muchas maravillas y señales eran hechas por los apóstoles (2:43) de tal modo que tenía aún el favor de todo el pueblo (Hch. 2:47). "Y Dios hacía milagros extraordinarios por mano de Pablo de tal manera que aún se llevaban a los enfermos los paños o delantales de su cuerpo, y las enfermedades se iban de ellos y los espíritus malos salían (Hechos 19:11-12ss). Y antes que la expresión pase desapercibida, quiero remarcar el "después de, que es lo que da sustento a esta explicación mía. El después de es precisamente aquello que yo nombro ahora como Post Pentecostalismo.

Esperamos que los ejemplos anteriores hayan ilustrado el modo cómo la conciencia histórica no solamente coloca en el intérprete las lentes que filtran su lectura privada de los textos, sino que también influye poderosamente en la interpretación. Esto sucede cuando poco

---

Y esto por medio de los llamados rhemas, supuesta voz contextualizada, frecuentemente audible y sobre los que esta nueva forma de cristianismo fundamenta sus nuevas y privadas doctrinas y teologías.

[27] Este es el meollo de la hermenéutica del Espíritu y para muchos es esta declaración que diferencia y distancia al pospentecostalismo del pentecostalismo clásico y también del protestantismo y la iglesia cristiana en general

Capítulo 4: El impacto hermenéutico de la contextualización

se es consciente de tal conciencia e influjo ni del aspecto prudencial analógico de la propia hermenéutica y que su finalidad no es crear el mensaje del texto ni interpretarlo individual y aisladamente de la comunidad de intérpretes antigua y contemporánea; su finalidad es la comprensión/explicación y reproducción/traducción en sintonía con esa comunidad de intérpretes para finalmente contextualizar lo que se ha entendido de su contenido ya existente en el texto; todo ello, con la ayuda de todos los recursos exegéticos que la erudición haya puesto a nuestra alcance; pero el uso de estos recursos no debe anular el espíritu de piedad y de esperanza de ser iluminados y enseñados por Dios, incluso de humildad para recibir esa enseñanza ya existente en el texto y evitar tanto irrespetarlo como generar y filtrar sutilmente novedades teológicas ajenas a su contenido y al propósito de Dios.[28] Urge, pues, tomar conciencia cada vez más de nuestra autonomía de la comunidad, condicionalidad y de su realidad e influjo en la lectura del texto, si vamos a contribuir a aliviar la crisis hermenéutica. Es aquí que la reafirmación de una ética hermenéutica y una hermenéutica de fe podrían ser de mucha ayuda.

---

[28] Uno de los hermeneutas contemporáneos que desde una perspectiva protestante ha venido deconstruyendo la hermenéutica y las novedades teológicas existentes cada vez más en aumento, es Juan Stam; ver su blog: http//www.juanstam.com/dnn/Blogs/tabid/110/EntryID/143/Default.aspx.

CAPÍTULO 5

ÉTICA HERMENEÚTICA Y HERMENÉUTICA DE FE EN EL PROCESO DE INTERPRETACIÓN DEL TEXTO BÍBLICO

El dominio sobre el texto y la postergación de la comprensión de su verdad no tienen por qué constituirse en un eterno retorno cíclico nietzscheano. Considero que es posible comprender y explicar suficientemente la verdad del texto; ello, mediante una hermenéutica que vaya de la mano tanto de una ética hermenéutica como de una hermenéutica de fe, que posibilite una liberación del texto y de la experiencia interpretativa misma. Pensamos que solo así el intérprete tendría mayor oportunidad de que el texto hable con poder y comprender al mismo suficiente y transformadoramente. Para el efecto, este capítulo se propone formular, brevemente, algunos principios que podrían denominarse ético-hermenéuticos —ya discutidos en otros trabajos[1]— y hermenéuticos de fe; la idea es delinear entretejidamente, no en secciones separadas, una ética hermenéutica y una hermenéutica de fe. Quisiéramos, no obstante, que tengamos claro desde ya que ambas hermenéuticas no pretenden ser ni una receta completa ni mágica novedosa, si recordamos y concordamos en dos cosas importantes; una es que la hermenéutica en sí no es un trabajo que pueda mecanizarse con la sola aplicación de principios en un texto como el bíblico que hoy en una era escéptica, relativista y secularizada no requiera de la fe en su ontología, fines redentores y transformadores, y de la prudencia analógica artística del intérprete; y la otra que la hermenéutica de fe fue el modo predominante de leer el texto sagrado durante al menos los primeros quince siglos de la era cristiana (Jasper, 2004, p. 9).[2] Será importante

---

[1] Incluso en los capítulos anteriores de este trabajo. Esta será la razón por la que no profundizaré en mis afirmaciones ni proporcionaré amplias reglas hermenéuticas de interpretación. Ver también esto último en Reyes (2015).

[2] Los intérpretes de los tiempos posapostólicos y medievales pensaban igual a Lutero y otros hermeneutas posteriores de la Reforma en su énfasis sobre la disposición espiritual previa del lector al acercarse hermenéuticamente a las Escrituras; ellos insistían que para este acercamiento se debería primero tener un marco espiritual piadoso y personal correcto, orar y ser fiel a la iglesia para entonces leer el texto sagrado. También habría que recordar en esta coyuntura que la tarea

recalcar una vez más que en la hermenéutica bíblica no se está frente a un texto únicamente literario artístico en su naturaleza ni la intención comunicativa del autor y su texto puede comprenderse inequívocamente en todos los pasajes.

Aunque no pretendamos análisis alguno de los aspectos éticos de la práctica hermenéutica ni formulemos concretamente reglas específicas sobre la responsabilidad del intérprete,[3] partimos del hecho de que el problema ético que tratamos en esta obra, el abuso y sometimiento del texto, surge de lo que la práctica exegética occidental ha confirmado. Como vimos en los capítulos tercero y cuarto, ella se lleva a cabo mediante una serie de intereses particulares y opciones múltiples no solo ideológicas, sino también metodológicas donde cada uno de la pléyade de métodos existentes hoy representa una moralidad de conocimiento y tiene una visión propia sobre lo que es auténtico del texto, lo más interesante, valioso y propio (De Wit, 2002, p. 425); también ella se lleva a cabo privadamente, es decir, sin consultar muchas veces ni a la comunidad hermenéutica contemporánea[4] ni practicar la *frónesis* —prudencia, equilibrio o proporción, es decir, la analogía puesta en práctica— como modelo de la hermenéutica.[5] No es de extrañar que en la hermenéutica bíblica occidental el conflicto de interpretaciones, al cual ya nos hemos referido, siga siendo un problema serio que se agudiza constantemente.

---

hermenéutico/exegética no es artística solo porque el texto sagrado sea en un nivel un texto literario (algo que he trabajado en algunos ensayos ya publicados); lo es porque la comprensión se lleva a cabo, tal como se lleva a cabo una obra de arte que organiza el lenguaje hasta su perfección relativa. Y esto suma un desafío más para todos, especialmente para quienes la sensibilidad artística le sea ajena.

[3] Para algunos aspectos éticos de la interpretación como tales, ver De Wit (2002, pp. 420-447).

[4] Como se verá más adelante, esta ética incluye un elemento desestimado y cuestionado frecuentemente en los círculos hermenéuticos occidentales: la importancia de tenerse en consideración no solo a la comunidad hermenéutica contemporánea, sino también antigua y el consenso teológico de la Iglesia a la hora de interpretar el texto.

[5] Como veremos en el capítulo último de esta obra, al tener la hermenéutica la estructura de la *frónesis* posee una estructura analógica y permite juntarla con la analogía.

Capítulo 5: Ética hermenéutica y hermenéutica de fe

Posibilidad de un diálogo objetivo con el texto

Ya que el intérprete toma parte activa en el acto y proceso de interpretación bíblica (y en general), este acto y proceso, se quiera o no, implica un trabajo subjetivo-creativo nada desinteresado. Aun si confesáremos la naturaleza ontológica del texto y dependiéramos de la gracia, luz y guía del Espíritu en el proceso exegético, hemos de recordar una realidad que la tendencia hermenéutica moderna habría pasado por alto; esto es que el proceso de codificación (por los autores humanos) y decodificación (por los intérpretes contemporáneos) del sentido del texto está lejos de ser algo mecánico, capaz de ser repetido en su totalidad una y otra vez. Sin embargo, como ya lo hemos comentado, mucho de la práctica hermenéutica contemporánea confirma cuán contextualizados, inculturizados, historizados o moldeados por la historia de vida estamos, aun si se es consciente de ello.[6] Con todo, es nuestra opinión que esta realidad, inherente a toda hermenéutica —incluso analógica— no debiera dispersarnos en el subjetivismo extremo —aquel que obstaculiza la posibilidad de entender lo suficiente la verdad del texto— ni a una interpretación tendenciosa (interesada/pensada de antemano), ocurrente, arbitraria y falsa que impulsa, por ejemplo, a una flexibilidad teológica y a perder de vista que la intención de los autores divino-humanos es una intención comunicativa; y esto quiere decir que estos autores quieren comunicar y, de hecho, comunican ese algo que desean comunicar al ser humano y a otros humanos, respectivamente.[7] De ahí que, aunque no consiga convencer a quienes discreparen —que está lejos de ser nuestro propósito—, a la hora de la lectura del texto sea necesario considerar por lo menos los siguientes principios que mencionaré en seguida, sin orden lógico ni de importancia; consideramos que ellos

---

[6] Sin embargo, consideramos una vez más que estar consciente de ello, y si se tiene voluntad se está en mayor capacidad de controlar y limitar ese influjo poderoso. Por otro lado, lo que señalábamos, es la razón por qué la hermenéutica posmoderna radical, sea bíblica o literaria en general, cuestiona, problematiza y pretende disolver el esquema y correspondencia rígida modernista del proceso de comunicación: emisor-mensaje-receptor; con el fin de implicar la dimensión humana de este proceso, esta hermenéutica ("antrópica", por recuperar el referente humano-el lector- en su estar siendo) propone el siguiente esquema de la comunicación: "autor-signo-lector"; ver Gómez-Martínez (1996, pp. 84-87).

[7] Ver más adelante en este mismo capítulo una breve filosofía del lenguaje.

pueden guiarnos a configurar una breve ética hermenéutica o hermenéutica ética, al permitirnos alcanzar un grado de responsabilidad suficiente en la lectura y predicación del texto; este grado de responsabilidad puede, en suma, proveernos de una objetividad suficiente que nos impida una lectura subjetiva que termine amordazando al texto (incluso a su autor real) y negando la propia objetividad del mismo,[8] así como también desviándonos de la tarea hermenéutica primera, constante y última: la mirada a la verdad o, como diría Gadamer, la cosa del texto; desviar la mirada a la mirada a la verdad o cosa del texto no permite sino hacerle decir al texto lo que se haya decidido de antemano frecuentemente animado por una agenda sociocultural, ideosexual o ideoteológica.

Observar el horizonte histórico referencial y el género literario del texto

Parte de la singularidad de la Biblia es la combinación de material que podemos encontrar en ella. Un tipo de material predominante en la literatura bíblica es el socio-histórico-cultural, contexto subyacente detrás del texto que imparte información (ej. 1 R 16:29-33) y dentro del cual y por el cual fue compuesto por su autor humano.[9] Ningún texto bíblico —ni siquiera el literario de ficción—

---

[8] Es decir, la capacidad de actuar mediante sus estrategias comunicativas como un adversario del lector, condicionándolo y obligándolo a optar solo entre unas cuantas posibilidades frente a las muchas que podría tener; el texto impone restricciones a las posibles interpretaciones, pues no todas pueden ser válidas ni la multiplicidad de posibles lecturas es infinita. Así, pues, el texto pide cuentas al lector de su modo de interpretarlo para que evite extravíos.

[9] O la figura virtual semiótica cuando, por ejemplo, la narración bíblica es leída literaria y sincrónicamente. Ahora bien, este impulso o referencialidad (de la que hablaremos más adelante) provee a sus lectores información histórica primariamente concerniente a los actos de Dios a favor de su pueblo, mediante lo que se podría considerar función referencial del lenguaje, aunque este haya dejado hoy de ser considerado un sistema de etiquetas verbales cuya importancia sería secundaria respecto a la realidad a la que se refieren; se sabe que, siguiendo los pasos de su maestro Platón, Aristóteles habría de captar la belleza estética como mímesis de lo ideal del artista que se traducía en una imitación de lo real; sin embargo, tratándose del texto bíblico, cuya función literaria (por representar un modo especial de comunicación lingüística) es complementaria hermenéuticamente hablando, pues, más que desempeñar una función mimética, tiene una base

Capítulo 5: Ética hermenéutica y hermenéutica de fe

es imaginativo, lo que quiere decir que no está necesariamente desconectado de la realidad socio-histórico-cultural de su composición; al contrario, aun aquellos con talante ficcional,[10] poseen las huellas tanto de sus escritores como de la situación extratextual específica que impulsó su creación, por lo cual desean comunicar algo en respuesta a esa situación. Por eso es que un texto llega a comprenderse mejor cuando se lo conecta con su contexto histórico en que nació, con la vida social, política, económica, religiosa y cultura de su época; los textos bíblicos son portadores de normas, convicciones y valores vigentes en su contexto. No sin razón ha dicho De Wit (2002, p. 492) que también el contexto histórico del texto, por muy difícil que sea su reconstrucción, tiene sus derechos y contribuye a que el texto entregue sus secretos. De ahí que la hermenéutica moderna tradicional —sea histórico-crítica, o aquellas fundamentadas solo en la forma final del texto— evidenciada incluso en los acercamientos sociológicos, se haya preocupado por el contexto histórico en general del texto y los comportamientos sociales que caracterizan los diferentes medios en los cuales las tradiciones bíblicas se han formado (ver Klein *et al*, 1993, pp. 229-232); no obstante, esta hermenéutica tiende a pasar por alto la problemática que plantea, por ejemplo, la distanciación sociocultural, temporal, geográfica y lingüística entre el texto y el intérprete de hoy;[11] también

---

histórica, lo que quiere decir que posee un referencial histórico, alude a una realidad o hechos históricos externos, si bien no en bruto ni documentados al estilo científico moderno y es imposible de ser captada unívocamente en su totalidad; no se puede reducir el sentido del texto bíblico a uno estético, sin afectar su contenido teológico (verdad) y su consiguiente contextualización o el "adelante del texto" o la tarea hermenéutica como hablan algunos, fase final del proceso de interpretación. Con todo, la Biblia es multifuncional; este referencial no es el único impulso, pues cuando ella es vista como una verbal comunicación de un remitente para un receptor, el mensaje del texto bíblico posee otros cuatro impulsos más subsidiarios del histórico que son el teológico, el artístico literario o estético, el doxológico y el didáctico; ver Longman (1987, pp. 68-71).

[10] Como aquellos cuya historicidad es difícil de determinar porque parecieran ser del género ficción; pero la condición literaria de un texto bíblico o no bíblico no es incompatible con su historicidad ni del bíblico niega su inspiración; cp. Tosaus Abadía (1996, p. 24).

[11] Sin embargo, hay que recordar que, para la gran mayoría de las hermenéuticas que ha declarado la muerte del autor material del texto, estas distanciaciones, lejos de ser un obstáculo, constituyen una ventaja que goza el lector

tiende a pasar por alto la fecunda poética (análisis sincrónico) del texto que, sin negar el uso de fuentes por parte de los escritores, explica mejor sus aparentes dobletes, la diversidad de autorías y otras supuestas contradicciones suyas observadas por la hermenéutica histórico-crítica (Alter, 1981; Berlín, 1994; Long, 1994); además, ella tiende a descuidar el desafío que plantea la presencia innegable del lector en el proceso hermenéutico de interpretación, a conceder más a los aspectos socioeconómicos e institucionales del texto que a su impulso teológico-religioso y reducirlo a un mero portador de reflejos de una sociedad reducida a oposiciones binarias sociales (De Wit, 2002, pp. 470-476).

La historicidad del texto limita, entonces, la aplicación anacrónica a la aplicación a él de teorías, conceptos y categorías literarias y científicas occidentales contemporáneas. Tomemos un ejemplo; se sabe que la poshermenéutica filosófica radical —incluso la textual bíblica, mayormente la literaria—, a la luz de la poshermenéutica antimetódica de Gadamer, no solo sospecha de la fecundidad del método hermenéutico, sino que también tiende a aplicar teorías literarias posmodernas a textos antiguos como los bíblicos; una de esas teorías es la ya mencionada en esta obra y que se ha convertido hoy en un postulado básico e inicial de la hermenéutica: la autonomía (independencia) del texto tanto de su autor como de su contexto de producción (ver, por ejemplo, Croatto, 1984; Gómez-Martínez, 1999; Andiñach, 2012). Según la más radical de esas teorías, el texto es signo de dos ausencias: la de su autor y la de su referencia.

Ya hemos observado las consecuencias de la autonomía. Pero vale volver a enfatizar algunas que son la deshistorización del texto; la muerte del autor; el énfasis en el lector como coautor del texto; la lectura altamente subjetiva e independiente de su autor y del texto, así como también de toda comunidad hermenéutica; la postergación interminable de su argumento a comunicar y, consecuentemente, la carencia de una real aproximación al texto; la proyección de los propios ídolos sobre ese texto; y el campo abierto al relativismo en camino a un nihilismo. Otros corolarios son el divorcio entre texto y

---

en la interpretación; por eso, Croatto (1982, p. 21) critica a la hermenéutica tradicional por no tomar en cuenta esta autonomía del texto —dada en la polisemia del lenguaje y en su acontecimiento— e interpretarlo en clave histórica.

Capítulo 5: Ética hermenéutica y hermenéutica de fe

realidad, y el desmerecimiento de la investigación histórica del texto; aun cuando todo intento de reconstruir el pasado sea precario y sujeto a modificaciones por causa de los nuevos descubrimientos y de que frecuentemente, cuando la hermenéutica se limita a la consulta de fuentes y al texto, este texto es el único medio de acceder a los hechos históricos, a los que no siempre resulta fácil identificar de entre lo que ya es interpretación por el autor real.[12]

A pesar de proclamarse hoy la disolución de los géneros literarios, es innegable que el género subyace en toda literatura de todos los tiempos, aunque no sea en forma pura, es decir, sin traslapes, y difiera de una cultura a otra; cuando los escritores elaboran un texto, no lo hacen sin relación a nada que se haya hecho antes, sino que escriben dentro de una tradición literaria que puede forzarse, pero nunca romperse.[13] A este hecho no escapa la literatura bíblica escrita por humanos inmersos en una cultura y lengua determinada; también ellos conocían y usaban convenciones literarias peculiares, con frecuencia distintas a las nuestras, por lo cual se hace necesario identificar el género del texto, ya que este sirve como una herramienta hermenéutica útil para una interpretación mejor del texto por ser el género un inductor de estrategia de lectura (Long, 1994, p.41).[14]

Cada tipo de literatura, incluso bíblico, posee su propio marco de referencia, sus propias reglas y estrategias de comunicación y propósito; por eso es que un texto que no manifieste semejanzas, por ejemplo, de estructura y contenido con otros no podría ser entendido;

---

[12] Esta es otra razón porqué algunas hermenéuticas, especialmente las semitistas, cuestionan el celo por el contexto histórico del texto, aunque valoren los datos históricos que el texto mismo presenta.

[13] De ahí que, y frente a la dificultad de encontrar literatura extrabíblica comparable a los Evangelios, muchos eruditos occidentales han concluido que este género es un resultado de una recombinación de formas y géneros ya existentes; Long (1994, p. 45).

[14] A pesar de lo difícil que es definir con exactitud qué es un género literario —visto por algunos autores como un código, un juego con reglas y otras metáforas más—, una simple y fluida definición es que en literatura se trata de un grupo de textos que evidencian características comunes unos con otros, implicando una forma recurrente de comunicación; por ejemplo, aunque a muchos vean incorrecto definir la poesía como un género literario por ser anterior a la literatura y por ser esta un género en sí, ella distingue su género normalmente por estar escrita en versos; ver un discusión más amplia sobre género e interpretación, y precauciones a tenerse, en Longman (1987, pp. 76-83); Long (1994, pp. 38-57).

en el acto de lectura, cada lector se acerca con ciertas expectativas del género del texto —si es poesía, ficción, prosa, etc.— y, consciente o inconscientemente, lo identifica con algún género, dándose luego así una transacción entre él y el autor (y su texto), que tiene que ver con una identificación del género o del modo cómo el texto comunica su contenido y, por ende, una puesta en movimiento de una estrategia de lectura de ese texto por parte del lector (Longman, 1987, pp. 76-77; 2007, pp. 36-38). El género o tipo de literatura del texto provee al lector los principios, pistas o conciencia hermenéutico-estética (reglas de juego del lenguaje) suficientes por medio de las cuales se pueda entender ese texto; "cuando Marcos", señala Osborne (2006, p. 26), "registró la parábola del Sembrador (Mr. 4:1-20), la colocó dentro de un contexto de modo que sus lectores podían entenderla adecuadamente. El significado de ella se puede recobrar, si se entiende cómo es que funcionan las parábolas y si se nota cómo funcionan los símbolos en el contexto Marcano". De ahí que el lector deba hacer el esfuerzo mediante una estrategia interpretativa para identificar el tipo de literatura que va interpretar evaluando las semejanzas y características propias que puedan tener especialmente aquellos difíciles de entender con otros más claros del mismo género; pero también para saber qué esperar o no de un texto en particular y a la vez clarificar si lo que comunica es histórico, ficcional, ficcional-didáctico, literal, figurado o simbólico (Longman, 1987, pp. 81-82; Tosaus Abadía, 1996, p. 28); nadie buscaría, por ejemplo, un esquema semejante al del texto profético en Proverbios. El beneficio de este complicado análisis de género es que revela las convenciones literarias del género del texto y, repitiéndolo, se tiene así mayores posibilidades de interpretarlo mejor, de evitar interpretaciones erróneas y, por ende, de abusar del texto. Por ejemplo, observa Tosaus Abadía (1996, p. 29), "es útil saber que el Deuteronomio adopta la forma de un pacto; que el narrador condiciona en modos diversos la reacción del lector ante los personajes de un texto; y que la repetición no es necesariamente indicio de fuentes múltiples, sino un recurso literario".

Capítulo 5: Ética hermenéutica y hermenéutica de fe

Validar la interpretación

Validar una interpretación es una tarea complicada que aquí no podríamos abordarla con amplitud ni profundidad. Sin pretender generalizar ni ser confuso, lo que me propongo es apenas mencionar y simplificar un modo de llevar a cabo esa tarea que, aunque resultare quizás sensible para algunos, consideramos que para la hermenéutica bíblica protestante es conveniente; esto es porque ante la ausencia hoy del autor humano del texto, a quien podríamos consultar sobre si nuestras interpretaciones coinciden con lo que quiso él expresar, todos corremos el riesgo de que estas sean arbitrarias, a menos que nuestras sombras interpretativas la luz y guía del Espíritu sean reales en nuestro proceso hermenéutico, como veremos más adelante;[15] además esta validación es urgente frente al modo cómo solemos llevar a cabo el acto y proceso hermenéutico de interpretación: privadamente, así como también intelectualizada, crítica, acrítica y experiencialmente, sin consultar, por lo menos, a la comunidad hermenéutica contemporánea.[16] Nadie negaría que este modo no ha hecho más que llevar a una seria crisis hermenéutica evidenciada en el alejamiento de las interpretaciones cada vez más no solo del consenso teológico escritural, que a través del tiempo ha prevalecido en la Iglesia

---

[15] Hay que recordar que, debido a los problemas hermenéuticos de distanciación histórica, lingüística, etc., y humanos de finitud cognoscitiva mediando en toda hermenéutica, una interpretación del texto bíblico es apenas un acercamiento probable a su intención comunicativa real como habría sido entendida por su audiencia original; por eso, en la interpretación siempre vamos a tratar no solo con interpretaciones probables que se acercan más a la intención autoral, sino también con riesgos de ni acercarse a esa intención; de ahí que afirmar que se corre el riesgo de mal interpretar un texto no se trate de agnosticismo posmoderno alguno, sino de una concientización sobre una realidad hermenéutica de la cual ningún intérprete humano escapa; por eso, la dependencia del Espíritu Santo es apremiante, aunque esta dependencia podría ser manipulada.

[16] Sea o no parte de nuestra escuela hermenéutica y teológica —y a pesar de las diferencias de interpretación existentes en esa comunidad—, siempre y cuando tal consulta sea hecha con criterio y se tenga presente que la comunidad hermenéutica primordial a consultarse es la Iglesia que preserva las enseñanzas doctrinales apostólicas. Ahora bien, se sabe que la tendencia en otros círculos occidentales es llevar a cabo el acto y proceso hermenéutico de un modo contrario a la mencionada, mediante una perspectiva propia de los albores de la Edad Moderna: académica o intelectualmente, teniendo como norma esencial de la interpretación la luz natural común a todos.

cristiana, sino también de las Escrituras mismas y su enseñanza total. Pero hay también otras razones de esta crisis que es posible y conveniente resumirlas en dos básicas; por un lado, y valdría recalcar, la constante práctica de una hermenéutica privada y experiencial, y, por el otro, la poca o nada de atención hoy sobre todo de la comunidad hermenéutica antigua de la Iglesia, tanto en la tarea interpretativa como teológica, contrario a lo que los Reformadores mismos hicieron.[17] Y por comunidad antigua me refiero a aquella comunidad de piadosos intérpretes, pensadores, pastores y maestros que en el contexto que va del primer hasta el quinto siglo de la era cristiana supieron prescribir en forma oral y escrita (los Apóstoles, primer siglo), defender, explicar, guardar y enseñar (los Padres de la Iglesia) la fe y la doctrina cristiana. Aunque los Padres de la Iglesia tendrían un mayor reconocimiento en el período patrístico que en la posteridad, aseguraron la transmisión de la verdad cristiana en medio de los avatares de su tiempo que implicaba la circulación de falsos evangelios, falsas enseñanzas, intrigas y persecuciones por la fe a tal punto de sufrir el martirio. Esta situación haría posible la convocatoria de los siete Concilios Ecuménicos (Universales), cuyas decisiones de orden doctrinal y eclesial formarían la base de la fe y enseñanza de la Iglesia de Cristo.[18]

Al mirar la Iglesia del primer siglo de la era Cristiana encontramos ya establecidos los fundamentos de la enseñanza del Evangelio, entre otras cosas; fundamentos que fueron entendidos, aceptados, enseñados, defendidos y proclamados por la Iglesia de los siglos posteriores en la persona de sus pastores, pensadores, maestros, apologistas y mártires mencionados; pero mal haríamos nosotros hoy añadir o restar con interpretaciones privadas y arbitrarias a este fundamento, o medirlo injustamente con los parámetros teóricos y metodológicos hermenéuticos críticos, literarios, lingüísticos e

---

[17] Es innegable que muchos de nosotros sí consultamos a la comunidad hermenéutica contemporánea, cuyos aportes están registrados en comentarios, enciclopedias, diccionarios, etc. Sin embargo, como señala Thiselton (1992, pp. 179, 182), Lutero y Calvino respetaron profundamente las antiguas tradiciones patrísticas, y para Lutero era importante consultarlas. Según Thiselton (misma obra y páginas), incluso aquella interpretativa que forzaba a las Escrituras a hablar con cierta voz, pues sostenían que ellas no necesitaban para hablar ser dependientes del magisterio de la Iglesia de su tiempo a la cual reformaron: la occidental latina.

[18] Nacif Caram y Kanahuati Rincón (1997, pp. 100-102).

Capítulo 5: Ética hermenéutica y hermenéutica de fe

históricos modernos y posmodernos que consideramos son necesariamente la norma.[19] Pero no por eso el intérprete ha de descuidar, por un lado, los méritos de la exégesis crítica sustentable del texto en todos sus niveles, hasta donde esta sea posible y conforme a la naturaleza literaria (humana) y ontológica (sobrenatural) del texto; ha de recordar que la lectura hermenéutica que va solo de la mente del intérprete al texto es propensa de interpretaciones arbitrarias y reducidas a visiones y métodos puramente históricos, filosóficos, científicos, literarios, sociológicos y otros; el intérprete, además, ha de pesar su interpretación con la objetividad, normatividad y contenido del texto en sí (interpretar las Escrituras por medio de las Escrituras), y con él mismo como intérprete contemporáneo (Klein, y otros, 1993, pp. 201-209).[20] Esto es porque la Iglesia está comprometida con el *kerigma* de los apóstoles y con las Escrituras que lo registran con lo cual ella, la Iglesia, ha sellado su fe.

Leer el texto con la luz y guía del Espíritu Santo, y comunitariamente

El Espíritu Santo, el autor real de las Escrituras, y la presencia perdurable en la Iglesia, es la continuidad de la guía e iluminación del Trino Dios, incluso en la lectura de los textos que inspiró; por eso es que la hermenéutica es trinitaria y la Iglesia no está fundada en la letra, sino en quien se mueve perennemente: el Espíritu, que habló por los profetas, que guio a los apóstoles, que aun guía a la Iglesia a la

---

[19] Si bien los métodos contemporáneos nuestros tendrían sus méritos, el propósito de los hermeneutas antiguos era muy distinto; por ejemplo, mientras nuestros métodos históricos procuran establecer de alguna manera el marco histórico original de los textos, los hermeneutas antiguos mostraban poco interés por ese pasado, salvo en el caso que estuviera relacionado con el presente. Pero esta y otras diferencias, no necesariamente permitirían afirmar que estos hermeneutas son caducos, premodernos (hermenéuticamente) o que están afectados por el patrón de la decadencia.

[20] Con todo, el avezado lector recordará que pesar la interpretación con el intérprete mismo es uno de los hábitos mentales más persistentes en la hermenéutica bíblica ya discutido en el capítulo tercero de esta obra. Es gracias a esto que el intérprete somete al texto antiguo a sus propios valores, presupuestos, predisposiciones, tesis ideológicas, etc.), como si las fuentes críticas posteriores fueran más valiosas que las antiguas. Pareciera que Klein y sus colegas no estuvieran conscientes sobre este problema.

comprensión y entendimiento suficiente y seguro de la verdad divina, desde la gloria hacia la gloria. Por eso también no hay hermenéutica bíblica sin esa luz y guía; lo que habrá sin esa luz y guía es un trabajo como un ejercicio ya sea solo académico metodológico, o experiencial.

La hermenéutica bíblica supone un encuentro del lector no solo con el texto, sino también con el Espíritu; sin ese encuentro, se aminora más la esperanza de ser iluminados, guiados y enseñados en el proceso hermenéutico del texto y, por ende, de permitir que este texto sea comprendido lo suficiente y, tal como debe ser, como para moldear y transformar los horizontes o percepciones, comprensiones y acciones de los lectores individuales y comunitarios.[21] Es que el acercamiento al texto, incluso pastoral, que no se abre al trabajo del Espíritu en la mente y estudio del intérprete, sino la sola capacidad, el conocimiento, el criterio personal, y un espíritu poco enseñable es limitado y engañoso, como lo es también el solo estudio académico-intelectual del mismo; lo es porque, entre otras cosas, y como ya bastante lo hemos afirmado e ilustrado, también el texto puede experimentar transformaciones en las manos de sus múltiples lectores, esto es, que puede ser malinterpretado, domesticado y así transformado en un artífice para legitimar determinados prejuicios, actitudes, postulados o teologías contrarias hasta con las mismas Escrituras, que se tiende a imponer a otros en nombre de Dios (Thiselton, 1992, pp. 31-42); el intérprete no puede decir que el texto dice lo que no dice, aunque este sea pasible de lecturas múltiples. Leer el texto bajo la dependencia del Espíritu, con humildad y deseo de ser enseñado, sin embargo —y vale recalcarlo— no es excusa para su lectura diligente y erudita, esto es, que use inteligentemente las herramientas hermenéutico-exegéticas que la erudición contemporánea haya puesto al alcance. El Espíritu hace posible debilitar los efectos del pecado y usar nuestras facultades en el proceso interpretativo, pero no garantiza claridad en todo, incluso en la vida cotidiana, ni que iremos a deponer nuestras precomprensiones

---

[21] Esto es también cuando el intérprete mediante un acto y proceso hermenéutico sensible reconoce sus límites de comprensión y se abre a una escucha, con paciencia y respeto, de lo que el autor y el texto argumentan; ver otros dos modos más cómo el texto puede tener efectos transformadores en sus lectores, en Thiselton (1992, pp. 31-35).

Capítulo 5: Ética hermenéutica y hermenéutica de fe

ni neutralidad total ni entender el texto automáticamente ni evitar tergiversarlo; ya Gadamer (2007, p. 335) convincentemente ha dicho que cuando se oye a alguien o cuando se emprende una lectura no es que haya que olvidar todas las opiniones previas sobre su contenido, o todas las perspectivas propias; lo que hay que hacer, concluye en esa misma página Gadamer, "es estar abierto a la opinión del otro o a la del texto". El Espíritu, además, posibilita la disposición a dejarse hablar por el texto, mediante una conciencia hermenéutica que se muestra receptiva desde el principio al contenido, incluso ético y moral, del texto y a su alteridad. Si esta conciencia hermenéutica actúa en la lectura de la poesía actual, a fin de recibir sus efectos poéticos, ¡cuánto más al tratarse de un texto como el bíblico que va más allá de ser producto del espíritu lírico humano que exige ante él un espíritu de fe y obediencia!

En conexión con lo anterior del capítulo, está ese otro elemento importante a considerarse en la interpretación del texto que nos gustaría recalcar; este es el espíritu hermenéutico de fe en conexión con el pueblo de Dios, el intérprete humano supremo del texto. Por espíritu hermenéutico de fe (y de sospecha a la vez) nos referimos a un acercamiento interpretativo del texto desde aquello que ya lo hemos mencionado en demasía: la fe, piedad y humildad cristiana, la participación activa en la iglesia y consideración de sus presuposiciones teológicas; sin los ojos de la fe es difícil la piedad y humildad que orienten la mirada obediente a la opinión del texto sagrado y permitan dejarse enseñar y transformar por ella; y esto aun a través de las desviaciones a que se ve el intérprete constantemente sometido en virtud de sus ocurrencias, expectativas, el lugar y autoridad prominente que suele cartesianamente concederle tanto a la razón como a la tradición histórica y teológica; si queremos comprender un texto bíblico tenemos que estar en principio dispuestos humildemente a dejarnos decir algo por él mediante el diálogo respetuoso, no tratar de corregirlo, suponiendo que debe prevalecer más la razón e incluso el escepticismo que la fe. La importancia de esta hermenéutica de fe en el acercamiento al texto va más allá de la necesidad de una "praxis ministerial" para acreditar el trabajo hermenéutico y teológico, ponderación que, por cierto, olvida que, desde incluso una filosofía cristiana, no existe dicotomía alguna entre teoría y praxis (cp. Nacianceno, 1996, pp. 28-32); su importancia es más bien teológica: sin la visión de la fe, la hermenéutica, la exégesis y la resultante teología podrían degenerar en dialécticas vacías, una vana polilogía e intelectualidad con poca o nada de asombro y adoración e implicación espiritual o pastoral para todos.

Tomar conciencia de las precomprensiones

En los capítulos anteriores nos hemos referido a este problema hermenéutico, razón por la cual no vamos a detenernos demasiado aquí sobre el mismo (ver cap. III; Reyes, 2013, pp. 181-192). Allí subrayamos que una hermenéutica cien por ciento objetiva es imposible; esto es, siendo todo ser humano un ser situado o condicionado por su horizonte cultural, hemos de aceptar que toda interpretación de un texto tiende, si no estuviese prevenida, a llevarse a cabo a la luz de ese condicionamiento y de este modo depender de la mentalidad, preocupaciones, presuposiciones (de información o conocimiento) o de las lentes propias del intérprete que tal condicionamiento le ha creado;[22] como si lo anterior fuese poco, el condicionamiento no es solo del intérprete, sino también del texto. Sin embargo, aunque este doble condicionamiento constituye uno de los más grandes desafíos que todo intérprete enfrenta, esta realidad no debiera llevar a ningún escepticismo en la tarea hermenéutica ya que, como lo hemos afirmado, es posible alcanzar un grado de objetividad y, por ende, una comprensión suficiente del texto, que impida a la vez no solo distorsionar el texto y la misma tarea hermenéutica, sino también perpetuar su historia triste de abuso y manipulación.

Esta realidad exige del intérprete una acción valiente y decisiva; esta acción es, en primer lugar, concientizarse sobre el poderoso influjo del condicionamiento humano, sin olvidar que las precomprensiones constituyen en realidad el punto de vista

---

[22] Ciertamente, existen presuposiciones correctas con las que nos acercamos e interpretamos el texto sagrado como, por ejemplo, que el texto posee doble naturaleza, la humana y la ontológica. Aunque, incluso la ciencia pospositivista reconoce el valor de ciertas presuposiciones, en este contexto es necesario recordar que también nuestro condicionamiento nos crea presuposiciones o, usándolo como sinónimo, precomprensiones que pueden ser idolátricas, prejuiciosas y tendenciosas, y así obstaculizar la correcta comprensión de los textos e incluso distorsionar su sentido.

preparatorio "adivinatorio" (Schleiermacher) para la comprensión, esto es, que constituyen el punto de partida desde donde él como intérprete se encuentra y es en este sentido que estas vienen a ser deseables y esenciales; lo incorrecto y peligroso sería que el intérprete se quedase en este nivel preparatorio adivinatorio en el proceso hermenéutico. Además, por causa de su condicionamiento, el intérprete ha de tener apertura humilde, valiente e inteligente para avanzar un poco más realizando otra tarea que le podría resultar difícil y dolorosa; este avance es identificar sus precomprensiones, revisarlas, modificarlas y, si fuese necesario, rechazarlas decididamente; y así, de nuevo, disponerse a ser corregido y enseñado por un texto que, por esa misma actitud del intérprete, se le presenta en su alteridad, pudiéndolo confrontar con su verdad autoritativa.

Polisemia del lenguaje, su posibilidad y contexto hermenéutico del discurso

El lenguaje es el medio universal en el que se lleva a cabo la comprensión. "El que la esencia de la tradición se caracterice por su lingüisticidad", piensa Gadamer (2007, p. 468), "adquiere su pleno significado hermenéutico allí donde la tradición se hace *escrita*". (Énfasis suyo). Es bajo la forma de escritura que todo lo trasmitido se extiende a cualquier presente; por eso, quien pretenda interpretar una secuencia de signos mediante los cuales se transmite un sentido percibirá, primera e inmediatamente, que lo transmitido en una obra es mediante una lengua determinada. Los lingüistas y semantistas piensan que a los intérpretes le es exigido conocerla o, por lo menos, manejarla con cierta competencia, respecto a sus matices, sus imágenes, sus tonalidades y otras características. Esta es una tarea complicada debido a la distanciación histórico-cultural y lingüística que nunca se llega a superar por completo; tal distanciación separa al intérprete de, por ejemplo, los idiomas bíblicos: hebreo (y arameo, una pequeña porción) del Antiguo Testamento y griego del Nuevo Testamento.

Pero las conclusiones a las que arriba la filosofía posmoderna del lenguaje —provenientes del posestructuralismo, la posanalítica, la fenomenología, el existencialismo y la deconstrucción— no dejan muchas o nada de posibilidades para la pretensión de llegar a la comprensión del texto por medio del lenguaje. Por un lado, según la filosofía ontológica del lenguaje (M. Heidegger), este lenguaje, en suma, no tiene como referente ningún objeto al que aluda y se entienda, sino la situación total de mi ser-en-el-mundo; es la filosofía que concibe al lenguaje en la vida, y al hombre como logos, palabra, lenguaje o incluso poesía donde se lo puede encontrar. Por otro lado, según la más radical, el lenguaje posee un carácter poético-simbólico-metafórico, aun el más primitivo; esto significa con un exceso de equivocidad y ausencia angustiante total de referencia que da lugar a ese politeísmo posmoderno evidente en la infinidad de interpretaciones y en el relativismo-nihilismo derridiano contemporáneo. Esta filosofía del lenguaje deconstructivista nos hace ver que sus seguidores no postergan, sino que más bien niegan la referencialidad, es decir, la realidad externa que todo lenguaje (signo o texto) denota.

Pero, por ventura, hay una filosofía del lenguaje como la de Gadamer (2007, pp. 461-525) y Ricoeur (2003, pp. 75-91), que guarda cierto equilibrio analógico con la que se podría dialogar.[25] Estos hermeneutas privilegian las teorías que aceptan que el lenguaje, en suma, comunica concepto porque consideran también que el signo lingüístico posee sentido y referencia; el sentido, además, es el puente hacia la referencia, con lo cual se enfatiza el sentido o concepto del lenguaje. En este sentido, no se puede separar el lenguaje de la historia; es por eso que la palabra comunica siempre un acontecimiento, es decir, el lenguaje se refiere siempre a algo ocurrido en el tiempo; esta es la razón por la cual ningún lenguaje/idioma es ahistórico, poseyendo una ausencia angustiante de historia, referente

---

[25] Aquí hay que incluir también la filosofía de Lévinas. Dos de estos tres hermeneutas: Gadamer y Lévinas, se separaron en muchos aspectos de Heidegger, pero continuaron su pensamiento. Por eso es que la filosofía fenomenológica de Lévinas ve al lenguaje en un sentido trascendental, como testimonio de una otredad infinita, oponiéndose así a los que lo conciben como vehículo objetivante de los conceptos; el lector puede consultar un excelente resumen sobre esta filosofía del lenguaje contemporánea, incluso de Lévinas, en Beuchot (2005b, pp. 290-320); Maceiras y Trebolle (1995, pp. 164-170). Y para Gadamer el lenguaje no es un instrumento para comunicar informaciones sobre un mundo ya conocido, ya que este es el horizonte en el que la hermenéutica adquiere alcance ontológico, es decir, que solo se puede pensar dentro del lenguaje. Ricoeur, por su parte, también piensa que todo lenguaje, incluso el mítico, es simbólico; de ahí su énfasis en el símbolo.

Capítulo 5: Ética hermenéutica y hermenéutica de fe

o sentido, verdad importante para la interpretación de textos escritos e incluso de la metáfora en la poesía y en el lenguaje común.

Como oyentes de la palabra revelada, no ajenos a los problemas tocantes a la apropiación del significado de los textos vía lenguaje y de que, en la medida en que considera la Biblia como un texto, precisamos tener en cuenta la lingüística como ciencia de base y presuponer una comprensión de lo que es el lenguaje; hay que reconocer que el lenguaje bíblico, religioso y teológico no solo se incrusta en el lenguaje humano y es parte de la totalidad del discurso del hombre, sino que también no prescinde de la lógica general y ni es un lenguaje privado; pero no deberíamos desesperarnos por los equívocos que este pueda contener a tal punto que eliminemos su aspecto referencial. Aun si no satisfaga a la lingüística actual y plantee más dificultades que respuestas, partimos del presupuesto que, aun siendo metafísico, el lenguaje bíblico y religioso, lejos de ser un signo de ausencia, es un signo subjetivamente referencial; esto es que, como cualquier otro lenguaje, también tiene como intermediario el concepto, lo cual quiere decir que el signo tiene concepto, además de referencia.[26] Por su propia naturaleza exige que se lo entienda como discurso; por tanto, el lenguaje bíblico y religioso es su expresión y no velo, disfraz o máscara de lo real, cuya falacia sea necesaria desmitificar.

La intención de Dios es que el ser humano entienda su revelación conceptual, aunque esta habría de ser dada en lenguaje humano sujeto a ambigüedades, equivocidades o polisemias.[27] Si

---

[26] Consecuentemente, el sentido sirve de puente hacia la referencia y el mundo del texto yace ahí objetivado en la escritura, como posibilidad dada a todo presunto lector, creyente o no; aunque el lenguaje bíblico es también poético, si no hay conceptos en el texto bíblico, no hay interpretación; ver Maceiras y Trebolle (1995, pp. 190-192). Nótese bien que hemos venido hablando de "referencia" (la función del lenguaje) no de "mímesis", pues esta última actualmente manifiesta un exceso de relativismo filosófico por no distinguírselo claramente del primero; ver Walhout (1999, pp. 71-79).

[27] Los lingüistas hablan de que el "verbo interior, precisamente porque es verbo insertado en el sentido de lo que es, trasciende absolutamente toda articulación sonora o escrita. Una prueba de ello es que aquel que entiende algo e intenta transmitirlo mediante signos, no siempre está satisfecho con los signos que utiliza para comunicarlo. Esta realidad revela que quien entiende algo y no se encuentra satisfecho con los signos empleados para transmitirlo, está advirtiendo que existe una inadecuación esencial entre el objeto de pensar y los signos sensibles

decimos que la Biblia es palabra inspirada, estamos reconociendo que nos encontramos ante un asunto de lenguaje y semántica de las palabras; el autor bíblico habría trabajado con este, elaborando bajo la dirección del Espíritu Santo una experiencia para hacerla comunicable (Schökel, 1992, pp. 23-24);[28] pero este paso a la escritura no tiene que ver simplemente con una fijación material de la palabra viva, sino también con el establecimiento de una relación específica con las cosas dichas; a la vez el discurso, en su paso a la escritura, lleva a cabo un proceso de exteriorización definido por la constitución de la obra (las Escrituras) que consiste en poner en una forma literaria el discurso como narración, poesía, profecía, himno, etc. Sin embargo, este doble proceso, contrariamente a lo que piensa la filosofía de la autonomía del texto (Ricoeur, 2006, pp.15-57; cp. Croatto, 1984, pp. 19-40), no abre al discurso bíblico a una nueva autonomía, es decir, a una independencia respecto a su autor, a su contexto de escritura y a su destinatario original; esto es porque, el conjunto de discurso que componen el relato bíblico —narración, poesía, profecía, himno— tiene como característica particular su referencia a Dios, y también porque, como lo afirma Ricoeur (2006, p. 43), persiste la estructura básica del discurso o las señales materiales (el lenguaje) que fijan y transmiten el mensaje.[29] De ahí

---

que quieren expresarlo"; Casale Rolle (2006, p. 338). Además, la mayoría de los idiomas poseen un carácter meramente estilístico y no revelan demasiado sobre el estado mental del autor humano. Pero esta realidad no niega la capacidad de comunicación del lenguaje, aunque, como ya lo dijimos, no han faltado quienes se la nieguen.

[28] "La misión del escritor bíblico", afirma Schökel (p. 24, de su misma obra anterior), "es transformar en palabras la experiencia, hacer lenguaje escrito la historia del pueblo, sus personales experiencias, el sentido de la historia, las obras de salvación, la respuesta del pueblo a Dios. La inspiración es carisma de lenguaje, y el lenguaje fragua en esta etapa…de tal manera que el resultado sea obra de lenguaje del escritor o autor y que quede consagrado como palabra de Dios… La historia de la salvación (hechos) se transforma en palabra (creación literaria) por la acción del Espíritu Santo (inspiración): los hechos quedan consagrados bajo especie de palabra". La Escritura es, pues, una realidad tanto litúrgica y profética como lingüística. La iglesia no proclama idea, sino palabra de Dios porque la Escritura recoge primaria y fundamentalmente la palabra divina, la voluntad comunicativa de Dios al hombre; para ello, el instrumento de intercomunicación es el lenguaje, dirigido por el Espíritu.

[29] Sería conveniente recordar aquí que el lenguaje está bien equipado para asegurar ese anclaje; los demostrativos, los adverbios de tiempo y lugar, los

Capítulo 5: Ética hermenéutica y hermenéutica de fe

que en el texto escrito alguien esté diciendo todavía algo a alguien sobre algo que puede entenderse suficientemente, aun si el factor humano (el autor) ya no esté,[30] el lector contemporáneo esté ausente en la escritura —habla fijada—, y el diálogo que une la voz del uno —el autor humano— con el oído del otro —el lector contemporáneo—sea ahora imposible; esto es también porque su autor divino, el Espíritu Santo, sigue activo en su papel iluminador y pedagógico del texto.

La fuerza del texto y del mundo que él despliega se manifiesta y alcanza su plenitud en la interpretación a la que el mismo texto da origen. La tarea de la interpretación consistirá, en este sentido, en escuchar al texto, esto es, en someterse a lo que este dice, a lo que propone y a lo que significa; por eso, el trabajo crítico cristiano sobre un texto bíblico es un esfuerzo por recuperar y apropiarse lo suficiente del sentido que pretende el autor humano y el texto, y dejarse interpelar y transformar por ese sentido, aunque este sea un trabajo arduo y complicado. En esa apropiación, el análisis lingüístico, sintáctico y semántico es fundamental; pero este análisis ha de ver cada palabra dentro de una frase, sabiendo que ella participa de la intencionalidad de la frase —que, aunque compuesta de palabras (signos lingüísticos individuales), constituye unidad lingüística básica y elemental— que es donde se genera el mensaje, es decir, donde se encuentra el mensaje o lo que se refiere.[31] En este sentido, solo la frase, el conjunto de frases o el contexto literario de una palabra permite establecer su significado, ya que este se genera con base a diferencias, es decir, que cada concepto o palabra es entendida con

---

pronombres personales, los tiempos verbales, las manifestaciones gramaticales del autor ("...quiero recordarles...") y otras cosas que sirven para anclar el discurso en la realidad circunstancial que rodea a la instancia de discurso; Ricoeur (2000, p. 130). Al exégeta (receptor contemporáneo) le corresponde escuchar al lenguaje y descubrir esas estrategias textuales en el proceso comunicativo del texto bíblico.

[30] Y con ello también la fuerza o intensidad de lo que habría dicho (lenguaje inlocucional) y el efecto como parte de su mensaje (lenguaje perlocucional) cuando se lee el texto.

[31] A través de una frase el autor dice algo sobre alguna cosa fuera de la frase: el mundo real; es lo que se llama referencia. Ahora bien, mientras la semiótica y el estructuralismo se concentran en el signo lingüístico individual, la semántica lo hace en la frase y su significado y por eso procura el significado del lenguaje a nivel de frase.

base no a su significado autónomo del diccionario, sino con base a lo que no significa con respecto a otros signos lingüísticos. "El problema por supuesto", observa Osborne (2006, p. 83), "es que se nos ha enseñado algunas presuposiciones erróneas"; según este autor (pp.84-89), entre estas presuposiciones que me gustaría subrayar está el inadecuado uso de la etimología —estudio de la historia del uso de un término— que incluye la falsedad léxica y la de la raíz. "Hasta hace poco", opina Osborne (p. 87), "los eruditos sostenían que la clave del significado de una palabra estaba en su origen e historia. Esta presuposición de desarrollo lineal yace detrás del inadecuado uso de la etimología, razón por la cual el uso que una palabra tenía en el pasado le era transferido hoy". La etimología es usada inadecuadamente cuando se da excesiva prioridad a la historia diacrónica de un determinado término sobre la centralidad del contexto inmediato o literario de las frases que conforman el discurso dentro del cual es usado. "El no tomar en consideración el contexto es el error más frecuente, ya que la mayoría de los comentarios tienden a un análisis de palabra por palabra usualmente aislada de otros términos que las circundan y como resultado se falla en discernir el mensaje del texto como un todo coherente" (Osborne, 2006, p. 93). Por ejemplo, agrega Osborne (en la misma obra y página anterior),

> en Filipenses 2:7 *heatun ekenōsen* ("se vació") ha sido el centro de un amplio debate centrado en la teoría *kenótica*, por ejemplo, si Cristo se "vació de su deidad". La perspectiva evangélica tradicional ha sido que Cristo se vació a sí mismo de las prerrogativas y gloria de su deidad, pero no de su naturaleza divina (cp. v. 6; ver J.B. Lightfoot). Sin embargo,… esta perspectiva ignora el contexto… No hay nada que pruebe este "vaciamiento", por lo cual es mejor bajo esta luz reconocer la naturaleza transitiva del verbo. En el rango semántico el uso encaja mejor con el contexto es "derramarse" o "se rebajó". Este uso que encaja en la transición que va de "no consideró el ser igual a Dios como algo a qué aferrarse" a "tomando la forma de siervo" tanto como el paralelismo con "se humilló" en el versículo 8. La relación propia con el contexto hace irrelevante el debate de la escuela *kenótica*.

Capítulo 5: Ética hermenéutica y hermenéutica de fe

De modo que para un análisis semántico más provechoso de un término el contexto literario dentro del cual este aparece es determinante; pero para ello también es fundamental (1) determinar el rango semántico del término, es decir, las posibilidades de significado que pudo haber tenido en el contexto antiguo, y (2) determinar a la luz del contexto el significado que más se conformaría a la intención comunicativa del autor y del texto como un todo dentro de su contexto, recordando nuevamente que toda palabra vive en la sociedad de una lengua unida en múltiples relaciones.[32]

Conclusión

Con el fin de abrir camino para la liberación del texto y su hermenéutica, en este capítulo hemos procurado reflexionar sobre algunas pistas hermenéuticas que consideramos importantes y que pueden ayudar al intérprete del texto sagrado a dejar que este hable libremente; esto es, sin someterlo a las propias tendencias, precomprensiones o agendas que marquen el interés individual. Así, hemos sugerido la importancia del esfuerzo por una hermenéutica menos subjetiva y más objetiva, mediante el respeto del horizonte y género literario del texto y de la sana hermenéutica, dependencia en la guía de la gracia y luz del Espíritu Santo y el espíritu de fe y una franca concientización de las propias precomprensiones; además, reflexionamos sobre el problema de la polisemia del lenguaje y sus posibilidades, y, a la luz de esas posibilidades del lenguaje, un principio hermenéutico fundamental que podría ayudar frente a ese problema: leer los términos a la luz del contexto literario del discurso.

---

[32] En las páginas 109-112 de su obra ya citada, Osborne ofrece un método que sirve no solo de guía para determinar el significado de palabras determinadas de un texto, sino también de correctivo contra el inadecuado uso de palabras en sermones y estudios bíblicos.

CAPÍTULO 6

HERMENÉUTICA ANALÓGICA DEL TEXTO BÍBLICO EN GENERAL

En el contexto occidental, en el cual asistimos a una explosión diversificada de la hermenéutica, ha predominado en el campo bíblico básicamente una exégesis, por un lado, racionalista de cuño moderna por muchos años, y, por el otro, irracionalista de cuño posmoderna desde hace relativamente poco tiempo.[1] Ambas exégesis han corrido y corren aun hoy el riesgo de violentar al texto; la primera, como ya lo dijimos (ver cap. II), por basarse sobre una racionalidad epistemológica unívoca y rigorista, propia de los cientificismos y positivismos, y sin mayor conciencia de la insoslayable subjetividad del intérprete y sus limitaciones intelectivas;[2] la segunda, por basarse sobre una racionalidad epistemológica contraria a la anterior: equívoca y débil que sobredimensiona el lado subjetivo de toda interpretación, renuncia a toda rigidez del conocimiento y no nos permite conocer nada. La racionalidad primera admite una sola interpretación y a las demás considera falsas; la segunda, en cambio, admite algo más cuestionable que manifiesta hoy un verdadero cambio de paradigma epistemológico y desafía al moderno,

---

[1] Sin embargo, esta exégesis última, al igual que la primera, era ya predominante incluso mucho antes de la patrística oriental, contexto también en el cual tuvo supremacía. Ahora bien, hablo de comprensión y explicación del texto porque en todo acto cognitivo, que tiene como fin captar el sentido de un texto, ambas se fusionan dialécticamente, aunque no sean sinónimas; Ricoeur (2006, 13, 83-100). Por eso es que en la hermenéutica (ciencia humanística) ya no hay necesidad de esa dualidad promovida por W. Dilthey (1833-1911): comprensión —como propia de las ciencias humanísticas— y explicación —como propia de las ciencias experimentales. Hay que recordar que el paradigma moderno negaba racionalidad a todas aquellas aproximaciones gnoseológicas que no se acomodaban a los principios epistémicos y metodológicos de las ciencias experimentales.

[2] Es lo que Hans-Georg Gadamer ha bautizado como "historia efectual": el influjo poderoso de la propia situacionalidad histórica y finitud de las que nadie puede sustraerse en la hermenéutica; ver el capítulo tercero de esta obra. Aunque no existe una definición única de epistemología, aquí la entendemos como marco teórico de conocimiento o comprensión de las vías de acceso al saber dentro de un campo científico determinado.

generando un caos doctrinal y teológico: que todas o casi todas las interpretaciones son válidas.

El predominio que tiene hoy especialmente la racionalidad epistemológica posmoderna ha redundado en Occidente en un impase epistemológico y hermenéutico.[3] Un impase que nos exige de una fundamentación epistemológica[4] que contribuya no solo a equilibrar analógicamente la exégesis, sino también a evitar en ella los escollos que entrañan las epistemologías unívocas y equívocas extremas; esto es que el texto siga siendo sometido y violentado por basar la exégesis sobre una epistemología racionalista severa que a la postre puede conducir a errores exegéticos y teológicos;[5] o por basarla sobre una epistemología débil que, por renunciar a un uso inteligente de la razón y olvidar que es posible alcanzar un grado suficiente de objetividad, se vuelva disparatada y aun anarquista, individualista —reinterpreta a su modo lo ya interpretado o no consulta a la comunidad hermenéutica actual ni mucho menos a la antigua— o escéptica que también conduce a errores; tal es el caso de muchos hermeneutas de la actualidad que ya no aspiran a ninguna objetividad ni a una verdad.

El propósito de este capítulo es continuar la exploración de la epistemología analógica, que considero puede servir para una configuración teórica inicial de la hermenéutica analógica bíblica que ayude a salir del impase epistemológico y hermenéutico que nos circunda;[6] así, una vez hecha la descripción del escenario epistemológico hermenéutico occidental contemporáneo en el capítulo tercero anterior, describo ahora a grandes rasgos la epistemología analógica, resumiendo al final el aporte de esta racionalidad que esperamos nos permita una configuración teórica de la hermenéutica analógica bíblica que apremia en nuestro contexto

---

[3] Cp. Barrios Tao (2007, pp. 371-498). Recuérdese que parte de tal impase es que la racionalidad epistemológica unívoca está en declive gracias, según piensan algunos, a los nuevos conocimientos generados en los últimos años.

[4] Se sabe que el interés por teorizar se generaliza cuando hay ya señales de crisis frente a un cambio de paradigma; véase Chaves Tesser (1999, pp. 9-10).

[5] Tales como la fragmentación del texto mediante el uso de metodologías crítico-científicas excesivamente racionalistas y frecuentemente sin la mirada de la fe que a la postre tienden a conducir a perspectivas teológicas insatisfactorias.

[6] He procurado esta exploración en dos trabajos más: 2009, pp. 81-108; 2011, pp. 227-248.

Capítulo 6: Hermenéutica analógica del texto bíblico

hermenéutico occidental. Este capítulo es, pues, teórico-filosófico;[7] es, además, exploratorio y revisable, lo cual quiere decir que le faltará todavía por trabajarse y explicarse mejor,[8] y sobre todo por aplicarse al texto que permita verificar lo fértil de la teoría.[9] Según vimos en el capítulo tercero, la posepistemología y sus presupuestos están influyendo cada vez más con mayor fuerza en nuestro contexto sociocultural y hermenéutico contemporáneo. ¿Habrá alguna alternativa epistemológica más viable que pueda ayudar a equilibrar el acto y proceso hermenéutico bíblico? ¿Y a evitar así que este acto y proceso caigan en el univocismo y equivocismo extremos porque le dé al texto, autor y lector —más concreto, real y activo que el autor— la proporción debida?[10]

---

[7] Ya de suyo en la hermenéutica y la epistemología se da esa dualidad de teoría y praxis. Aunque su fin principal es la teoría y la conceptualización, ambas obtienen de esa dualidad lo que les dará la practicidad; incluso la epistemología científica nunca es hecha desde un estado de contemplación; Noriega Méndez y Gutiérrez Millán (1995, pp. 17,23). Se notará, además, que el movimiento de este ensayo va del polo filosófico al bíblico porque lo que realmente se intenta es explorar la contribución del elemento filosófico a la hermenéutica bíblica, pues esta posee también un rango filosófico que le permite dialogar mesuradamente con tal elemento; véase Ricoeur (1978, pp. 263-277).

[8] Para lo cual es necesaria la clave que permite crecer a toda teoría y que carecemos aquí: la crítica y autocrítica constructiva que detecte sus fallas internas, de coherencia y de consistencia.

[9] Es que ciertamente, además de precisarse un trabajo aparte, nuestro interés aquí está primordialmente en configurar la teoría en relación al texto bíblico, a fin de que en un próximo trabajo la ilustremos exegéticamente; por otro lado, la hermenéutica analógica en general está no solo en proceso de construcción, sino también aplicándose hasta la fecha mayormente a otros campos del saber tales como el sicoanálisis, la historia, el derecho; sin embargo, el lector puede consultar la breve y única incursión que conozco en la exégesis bíblica, en Beuchot (2005a, pp. 111-113).

[10] El vocablo griego es "analogía" cuyo significado amplio es proporción, lo cual supone una relación del entendimiento que concibe un ente en relación a otro; véase una breve reseña del uso de este término en Platas Pacheco (2004, p. 85, n. 1). Por otro lado, es necesario tener presente que en la hermenéutica analógica, texto, autor y lector (intérprete) convergen en la interpretación-comprensión y juegan un rol determinante.

Epistemología analógica medieval del significado

Los teóricos de la hermenéutica responden estas interrogantes positivamente. Y hablan de una epistemología antigua que ha sobrevivido hasta hoy silenciosamente al lado de la univocista moderna y la equivocista posmoderna. Esta epistemología es la analógica, recurso filosófico medieval del significado, relacionada mayormente con la lógica y filosofía del lenguaje (cp. Beuchot, 2010; Mortensen, 2012). Ya dijimos que ella puede prestar un servicio oportuno a la hermenéutica bíblica frente no solo al equivocismo extremo, sino también al univocismo duro que sobrevive todavía;[11] esto es porque, como esperamos verlo más adelante, la analogía se coloca en el punto intermedio entre ambos extremos, evitando el monolitismo univocista y el caos equivocista (Beuchot, 1996, pp. 35-45; 2015, pp. 69-91). En palabras de Beuchot (1996, p. 45):

> Creemos que la postulación de la analogía es lo único que podrá salvar del monolitismo y del caos... Ya de suyo la hermenéutica parece tender a un analogismo sano que evite esos extremos. Es la posición ya anunciada por Aristóteles (tan tomado en cuenta por Ricoeur para establecer la importancia de la analogía, en su obra La metáfora viva) y que fue desarrollada por toda una tradición... Es una línea de pensamiento que podrá evitar la bancarrota epistemológica que nos amenaza como reacción al positivismo cientificista antes reinante.

La analogía se origina en la filosofía griega con los geniales pitagóricos (véase Beuchot, 2016, p. 71; Sanabria, 1997b, p. 50). Y a través de los neoplatónicos llega a la época patrística occidental, la alta edad media y la edad media madura, contextos en los que sería teorizada y usada intensamente, privilegiándose la de proporción, muchas veces la de atribución y en otras combinándose a ambas como sería lo mejor (Beuchot, 2005a, pp. 91-102; 1996, pp. 35-36; 2007, p. 22; 2010, p. 29-31, 125-32). Sin lugar a dudas, opina Mortensen (2012, p. 1; Sanabria, 1997b, pp. 68-71), sería Santo Tomás de Aquino (1225-1274) —el principal representante de la escolástica medieval occidental— quien en la edad media madura, habría de dar

---

[11] Otros hablarían de una contribución a la ontología hermenéutica, y a la política y cultura; García González (2001).

más cabida a la analogía a tal punto que llegaría a ser la clave de todo su sistema.[12] Según Beuchot (2010, pp. 6-7),

Santo Tomás comienza hablando de una analogía que es la menos propia, la cual tiende más a univocidad, pues en ella es mucha la semejanza y poca la diferencia. La llama "analogía según el ser y no según la intención" (*secundum esse et non secundum intentionem*). Es decir, los analogados son distintos según la realidad, pero no según el concepto (que es la intención de la mente). También la llama "analogía física", entendiendo por ello que no es analogía lógica. Además, dado que las cosas que son análogas de esta manera pertenecen al mismo género lógico, también la llama "analogía casi género" (*analogia prope genus*).

Sin embargo, opina Beuchot (2010, pp. 132-33, citando a Santo Tomás, *De veritate*, q.9.a.7, ad 2 cp. Sanabria, 1997b, pp. 70-71), Aquino también retomaría de Aristóteles la analogía de atribución y proporcionalidad, las dos caras esenciales de la analogía.[13] Opina Beuchot (2010, pp. 132-133) que,

---

[12] Otros que la usaron en esta misma edad fueron San Buenaventura, San Alberto Magno (maestro de Santo Tomás) y el dominico Eckhart, quien privilegiaría a la más platónica: la de "atribución". En la época posmedieval del renacimiento la analogía sería usada por los seguidores de Aquino, quienes la sistematizarían mejor y la revitalizarían, tales como Cayetano (Tomás de Vío), Francisco Suárez, Vico y algunos románticos. En las dos épocas que anteceden, la analogía fue usada en la obra Pseudo-Dionisio (Patrística) y por el traductor de esta obra Juan Escoto (alta edad media). En la baja escolástica y en el barroco la analogía tuvo poca o nada de importancia, razón por la cual no habría de entrar en la filosofía moderna, ya no escolástica, en la que el univocismo es notable; Beuchot (2010, pp. 2-15); Sanabria (1997b, pp. 71-74; véase un recorrido histórico más completo de la analogía, en Gambra (2002, pp. 19-74). Aunque todo este breve recuento histórico de la analogía se queda prácticamente en la época posmedieval —pues ella es originaria de la edad media—, recordar que ha llegado hasta la nuestra, pero ya con poca fuerza.

[13] "Se ha visto que Tomás", argumenta Beuchot (2010, p. 125), "al principio (Comentario a las Sentencias) usa más la analogía de atribución; pero después (*De veritate*) prefiere la de proporcionalidad; y luego vuelve a la de atribución, pero de manera diferente, esto es, a través de la doctrina de la participación. Es decir, llega a combinar y compaginar las dos"; por otro lado, en su análisis de doce textos originales del Aquinate (un derivado de Aquino), Mortensen (2012, pp. 83-133) alude esencialmente a estas mismas clases de analogías, pero su interpretación de

La de atribución (que viene de los platónicos) ya era llamada así por Avicena, a través del cual llega a Tomás. Contiene un analogado principal, al que se atribuye el término de manera más propia. Los otros son analogados secundarios o menores, y el término análogo se les atribuye por participación del primero de todos ellos. La analogía de atribución puede ser extrínseca o intrínseca. A la extrínseca Tomás la llama "según la intención, pero no según el ser" (*secundum intentionem et non secundum esse*). En ella la forma análoga sólo tiene ser en el analogado principal, los otros sólo se dicen tales, pero no lo son en realidad. La de atribución intrínseca es llamada por él "según la intención y según el ser" (*secundum intentionem et secundum esse*), porque la forma análoga se encuentra intrínsecamente no sólo en el analogado principal, sino también en los analogados menores, pero de manera diversa. Por otro lado, la analogía de proporcionalidad puede ser propia o impropia. La propia es una proporción de proporciones; por ejemplo, la razón es al hombre lo que el instinto al animal. La impropia o metafórica es la que se basa en alguna semejanza de acción o de efecto, como en la risa es al hombre lo que las flores al prado, y así entendemos la metáfora "el prado ríe".

Más claramente, esos dos tipos de analogía desean colocarse en el punto intermedio de dos modos: (1) por atribución y (2) por proporción.[14] El primer modo establece cierta jerarquía respecto al adjetivo que se le atribuye a un sustantivo determinado como, por ejemplo, cuando primariamente al organismo humano se le atribuye el adjetivo "sano" para significar que una persona está sana. Esta condición de salud, sin embargo, puede atribuirse también al alimento, la medicina, al ambiente e, incluso, a la amistad; en estos

---

las mismas es reducido al campo teológico (el ser de Dios) y ontológico (el ser humano), y, refiriéndose a la analogía de proporcionalidad "propia" (literal) e "impropia (metafórica)", señala que, aunque hay ciertas evidencias que Aquino hizo tal división, lo más probable es que no lo haya hecho.

[14] En lo que sigue me apoyo en lo esencial, excepto en lo que tenga que ver la analogía con lo bíblico, en Beuchot (2000, pp. 35-63, 97-135; 2012, pp. 13-26; 2015; 2015b); Beuchot, Vattimo y Velasco Gómez (2006, pp.11-20); Mortensen (2012, pp. 83-133); Sanabria (1997b, pp. 76-104); Gambra (2002, pp. 95-168); Luján Salazar (2004). Así que no cito las fuentes en las notas sucesivas.

Capítulo 6: Hermenéutica analógica del texto bíblico

casos, tales atribuciones son secundarias y, por ende, impropias. De ahí que se pueda establecer la jerarquización siguiente que va descendiendo desde la atribución más propia hacia la menos: la salud es atribuida con mayor propiedad al organismo humano, razón por la cual viene a ser el analogado principal; si bien con menos propiedad, se le atribuye al alimento, y menos a la medicina, y menos al ambiente, y mucho menos a la amistad, convirtiéndose así en analogados secundarios. Aunque la atribución es válida en los últimos casos —en el de los analogados secundarios—, en unos lo es más que en otros, pero muy cerca de lo igual o lo unívoco.[15] Así, pues, el adjetivo "sano" solo conviene intrínsecamente al analogado principal; a los demás, les conviene solo por denominación extrínseca. Por eso el nombre análogo no tiene en realidad un significado común a todos los analogados; entre ellos hay solo unidad relacional o, hermenéuticamente hablando, un significado principal, el más propio y adecuado, y otros secundarios, menos propios y adecuados, y hasta falsos que se deben desechar sin contemplación. No se trata, cabe aclarar, de una interpretación única, sino de una principal que norma a las demás que son válidas en alguna medida, excepto a las erróneas, pero que no llegan a una reconciliación ni a una síntesis, sino que coexisten sin perder cada uno su carácter antitético, reteniendo sus propiedades antagónicas.

El segundo modo establece relaciones de igualdad o semejanza entre las porciones a, b = a', b', pese a que son diferentes. Y esas partes pueden ser literales o propias como al decirse: "(a) El instinto (b) es al animal, (a') lo que la razón (b') al humano". En cada una de las porciones, el sentido es semejante o unívoco, no hay diferencia. Pero estas relaciones pueden ser también de forma metafórica o impropia como al decirse: "(a) La risa (b) es al hombre, (a') lo que las flores (b') son al jardín"; en esta analogía se entiende que lo que la metáfora de las partes a' y b' quiere decir es que "el jardín ríe" —produce un efecto de alegría—, pero el sentido es diferente entre

---

[15] La univocidad, vale recordar, es lo que se dice de un conjunto de cosas en un sentido idéntico; por ej., "hombre", "mortal" se dice de todos los hombres por igual y no cabe la diversidad. La equivocidad, en cambio, es la significación diferente de un término respecto de todos sus significados, o lo que se dice de un conjunto de cosas en un sentido diverso: por ej., "gato" se puede decir, entre otras cosas, del animal y de la herramienta de carro.

sus dos partes principales, ya que el jardín ríe diferentemente al hombre. Si notamos bien, es esta analogía impropia la que se acerca a la equivocidad, ya que la predicación la recibe de forma metafórica, no literal como en la analogía literal-propia; de ahí su impropiedad, pues lo que significa es más diferente que hasta raya en lo equívoco.

Al recibir literalmente la predicación, la analogía de proporción propia es la principal porque todos los analogados participan intrínsecamente del significado del término común, con sus diferencias proporcionales; sin embargo, no hay un analogado principal y secundarios, tampoco igualdad completa, sino proporcional; hay que notar, con todo, que en la analogía de proporción metafórico-impropia, al igual que en la literal-propia, hay semejanza, porción de igualdad, pese al predominio de lo diferente en ella. Así, mientras que en la analogía de atribución las interpretaciones se relacionaban con una principal, en la de proporción se relacionan unas con otras mediante eso común que van transmitiéndose y conservando dentro del margen que evita que caigan en la disparidad.

Los dos modos anteriores en que la analogía establece relaciones permiten ver que ella posee un lado literal, objetivo o unívoco y otro metafórico, subjetivo o equívoco. Ellos permiten ver, además, que ciertamente la analogía resalta lo diferente, lo fragmentario, lo intersubjetivo, lo equívoco de la epistemología equivocista posmoderna, pero a la vez resalta lo idéntico, lo unitario, lo semejante, lo unívoco de la epistemología univocista moderna. Estos opuestos no llegan a una reconciliación ni a una superación mediante alguna síntesis transformadora, sino que se toleran o se reconocen; esto explica por qué en la analogía predomina la diferencia y trae consigo, intrínseca y sutilmente, cierta dialéctica inconclusa y paradógica, pero viva, dinámica tensional a la vez que no permite caer en el irracionalismo equívoco al escapar del racionalismo unívoco duro.[16] Es así como la analogía o, mejor, el significado —sentido,

---

[16] Por eso insisto que, al menos en la manera en que lo he planteado —que incluye validación y sospecha— no habría que permitir el predominio de la equivocidad (diferencia) relativista y desvirtuadora; además, todos normalmente aspiramos a una verdad más unívoca, por lo cual la tensión entre semejanza (univocismo) y diferencia (equivocismo) no ha de romperse, aunque ella permanezca sin resolverse y la analogía implique una forma de debilitamiento de la

argumento— analógico adecuado de un texto se coloca en el punto intermedio entre la equivocidad y la univocidad, al decir lo que dice de un conjunto de cosas en parte idéntico y en parte distinto un poco más, admitiendo un rango de variabilidad. De ahí que la analogía sea igualdad proporcional y mediadora entre extremos, no completamente equívoca ni unívoca, aun cuando participe de lo equívoco y unívoco; por eso, la hermenéutica analógica es teoría y ejercicio de la interpretación equilibrada.

Contribución de la epistemología analógica: Hacia una hermenéutica analógica bíblica

Conforme a lo argumentado, podríamos afirmar que la contribución de la epistemología analógica a la interpretación bíblica abre la puerta tanto para una racionalidad como para una hermenéutica analógica o equilibrada bíblica y metódica del modo siguiente.[17] Por un lado, aplicando la analogía de proporción se puede discernir del texto varios significados, siempre y cuando sean proporcionalmente idénticos; así, algunos podrán ser legítimos; otros, aunque posibles, podrán no serlo tanto, por lo cual habría que sospechar y evaluarlos cuidadosamente. De este modo se puede apreciar la riqueza democrática de significados que se congregan en la analogía de proporción. Por eso, para evitar la dispersión relativista y para equilibrar con mayor efectividad es fundamental aquí, además de la luz de la fe y del Espíritu, la virtud del juicio prudente (*frónesis*) que ha de manifestarse también en una apertura del intérprete tanto a un diálogo con el texto y su autor como a un deseo de validar los varios significados probables del texto.[18] Esta buena voluntad de

---

razón. Caso contrario, se traicionaría el equilibrio que ella misma manifiesta, se desbocaría todo conocimiento y la hermenéutica misma sería destruida; es precisamente ese equilibrio que convierte a la hermenéutica analógica en la alternativa más viable en la interpretación bíblica contemporánea y en una defensora de la objetividad, del realismo y de la verdad del texto.

[17] La hermenéutica analógica es un modelo de interpretación no solo teórico-filosófica, sino también metódico, con presupuestos epistemológicos, ontológicos, éticos y otros, de modo que puede aplicarse a distintas áreas del conocimiento.

[18] La validación es una disciplina compleja que requeriría un trabajo aparte. Aquí solo podemos argumentar que hablar de validación es hablar de probabilidades cualitativas, no de precisión unívoca cuantitativa conforme el ideal empírico; ella

dialogar con el texto y su autor por parte del intérprete estaría a tono con la naturaleza dialógica de la hermenéutica analógica misma. Beuchot (2016, p. 75), afirma:

> La hermenéutica analógica utiliza el procedimiento de la distinción, que es el propio de la analogía, ya que distingue para evitar lo equívoco y destruir la apariencia de univocidad. Distinguimos los sentidos de un término, de un enunciado y hasta de un texto, para alejar la equivocidad, pues de no distinguir surgen malentendidos; pero también para alejar la sensación de univocidad, que se alcanza en pocas ocasiones y que la mayoría de las veces es falsa. Por ello, distinguir es algo propio de la analogía. Y, dado que la distinción se ejerce de la mejor manera en el seno del diálogo, y ya que en numerosas ocasiones la distinción se tendrá que encontrar mediante la interacción entre los que debaten, por las objeciones fecundas que se hacen unos a otros, resulta también que la analogía es producto de la conversación, de la controversia. Por eso la hermenéutica analógica es sumamente dialógica. Requiere del diálogo como condición de posibilidad y como ambiente propicio.

Por otro lado, aplicando la analogía de atribución, se puede discernir varios significados legítimos del texto, pero esta vez jerarquizándolos, es decir, discriminándolos según niveles de validez o conformidad con los datos (por ej., históricos y sintácticos) del texto y la intencionalidad comunicativa del autor. En ese proceso, habría que estar alertas porque habrá unos que serán más legítimos que otros, aunque todos ellos pertenezcan al conjunto de sentidos considerados válidos. La analogía de atribución, pues, pone jerarquía y, por ende, al igual que la de proporción, diversidad/diferencia para que pueda haber crítica de los significados jerarquizados, pero sin considerar

---

implica sospecha y objetividad, y desenmascara el abuso del texto y el escepticismo a sus verdades (Ricoeur, 1981, pp. 210-215). El parámetro para medir la validez de una interpretación es, al final de cuentas, la intención comunicativa del texto en su forma final, en diálogo dialéctico con el autor, el intérprete, la totalidad de la revelación escrita y su contexto histórico, y la comunidad hermenéutica correcta antigua y contemporánea. Creemos que este diálogo ayudaría a obtener la proporción interpretativa de la analogía y evitar así interpretaciones especulativas y falsas que añaden y sustraen del texto.

Capítulo 6: Hermenéutica analógica del texto bíblico

únicamente válido al analogado principal, aunque es el modelo y regulador concreto, no ideal o abstracto, de los restantes que se aproximan a la verdad textual; si nos quedásemos con la sola proporcionalidad nos dispersaríamos en el relativismo interpretativo posmoderno. Para equilibrar con eficacia aquí también son necesarios el recurso espiritual, el dialógico y la validación antes mencionados.

Ahora bien, en la hermenéutica analógica —y en toda interpretación—, quien determina la validez de las interpretaciones es el propio intérprete; pero en la medida en que él pueda rescatar lo suficiente la intención comunicativa del autor, pues, como ya se ha afirmado, este criterio hermenéutico es el criterio de validez interpretativa, refrendado con la validación mencionada. Además, él ha de tener cuidado con algo que requiere luz, consulta y validación: que su intención, aunque no sea la principal, coincida verdaderamente con aquella del autor y del texto; el fin es que, a pesar de su presencia y subjetividad inevitable en la hermenéutica, le permita al texto hablar con propiedad, eficacia y poder, sin especular, añadirle ni sustraerle nada.

Concluimos que es de este modo cómo la hermenéutica analógica se coloca en el punto intermedio entre el univocismo y el equivocismo. Más importante todavía, es de este modo cómo abre el campo de interpretaciones válidas cerrado por el univocismo, pero a la vez, sin renunciar a la exactitud, cierra y limita con firmeza ese campo abierto caótica e irresponsablemente por el equivocismo. El uso, pues, de la analogía en la exégesis bíblica occidental de modo alguno significa confinarla al univocismo moderno ni, mucho menos, al equivocismo o a la hermenéutica débil posmoderna porque se piense que toda interpretación es válida y complementaria; de hecho, con base a todo lo anterior, se puede ver que la hermenéutica analógica no es una hermenéutica débil posmoderna, sino una hermenéutica que defiende la objetividad propia de la analogía y la intención comunicativa de la verdad del texto y de su autor. Este uso de la analogía en la hermenéutica/exégesis bíblica occidental tampoco significa volverla cautiva ingenua de algún movimiento filosófico de ayer ni de hoy; la naturaleza misma de la hermenéutica occidental da la posibilidad de incursionar en la filosofía y de usar lo no perverso de las herramientas que la erudición contemporánea ponga a la disposición, sin que eso necesariamente implique concesión en lo que no debe haber.

Queda claro que a la hermenéutica analógica bíblica le interesa la verdad íntegra que el texto intenciona comunicar, pese a los problemas hermenéuticos implícitos en su empeño. Pero en nuestro contexto de hoy en que prevalece la hermenéutica univocista y, un poco más, la hermenéutica equivocista, esta verdad también necesita vérsela a la luz de la hermenéutica analógica. Intentaremos esto en el capítulo último siguiente.

CAPÍTULO 7

VERDAD Y RACIONALIDAD HERMENÉUTICA ANALÓGICA

Con el auge actual de la mentalidad posepistemológica,[1] el concepto de verdad hermenéutica ha venido experimentando, desde el ángulo filosófico y del conocimiento, un giro radical respecto al concepto de la positivista moderna.[2] Hoy se piensa que ya no es posible algo que se solía hacer en la mentalidad colectiva occidental: identificar "verdad" con "objetividad" y, por ende, concebir a la primera como correspondencia (lo que se dice de un objeto coincide

---

[1] Que es un giro a una de naturaleza filosófico-lingüística compleja, cuyo objeto de estudio es el lenguaje humano, pero en lo que atañe a la relación de las palabras con sus usuarios, intérpretes de ese gran texto que es el mundo. Como deja fuera los aspectos semánticos —que vinculan los signos con la realidad extralingüística— y se centra en los pragmáticos del lenguaje, la verdad es captada solo en la experiencia de la interpretación del lenguaje y concebida como desocultación o acontecimiento de sentido, contrariamente a la verdad clásica positivista, que ha sido definida como correspondencia con la realidad. De ahí que, según esta racionalidad hermenéutica, toda comprensión (verdad interpretada) esté esencialmente situada y ninguna puede alardear ser más verdadera que otra ni, mucho menos, *la* verdadera de todas; de ahí también su combate contra las metodologías científicas, por considerarlas innecesarias en la búsqueda de la verdad.

[2] La mentalidad positivista moderna, que se remonta a Augusto Comte (1798-1857), ha llevado al empirismo por el camino de la verificación y la falsificación como medio de probar las pretensiones de conocimiento y verdad, frecuentemente usando datos sensoriales como la fuente final de certeza. De ahí que una de sus tesis centrales y populares sea que existe una contraposición entre "juicios de 'hecho'" (sobre datos tomados de la experiencia; por ejemplo: el agua está compuesta de hidrógeno y oxígenos) y "juicios de valor" (afirmaciones de carácter social y religioso que no pueden ser directamente sujetas a una verificación empírica; por ejemplo: "matar es malo", "Dios no existe" o "Dios actúa en la historia"). Para esta mentalidad, los primeros son objetivos y solo ellos tienen validez racional; los segundos, en cambio, son subjetivos y, por ende, es imposible probar su verdad o falsedad, por lo cual son considerados como carentes de validez y, en los casos extremos, de sentido. No es de extrañar que esta mentalidad tenga entre sus ejes transversales que el conocimiento verdadero es únicamente objetivo y que objetividad (y certeza) es sinónimo de verdad, y subjetividad de falsedad; cp. Muñoz-Torres (2002, pp. 162-163).

exacta o coherentemente con su realidad inherente); de este modo, la verdad va a obtener las cualidades de objetiva (libre de voluntad, conciencia, deseos o experiencia del sujeto cognoscente o intérprete), absoluta (independiente de factores externos), inmutable (sin experimentar cambio alguno), atemporal (perenne) y universal (válida para cualquier tiempo y contexto).

Para la mentalidad posepistemológica la verdad es manifestación, apertura o desocultación, captable únicamente en la interpretación del lenguaje y condicionada tanto por un horizonte de comprensión (Gadamer) como por los cambios en los sistemas de pensamiento y por el poder político (o de otra índole) que legitima estos cambios (Foucault). Así, pues, si nos atenemos a este concepto, la verdad es, en suma, contextual y, por ende, subjetiva, equívoca, relativa y hasta aliada al poder. Es así como, acompañada de la hermenéutica de la sospecha, la mentalidad hoy de moda demuele y pone en crisis, entre otras cosas,[3] no solo el concepto positivista de verdad hermenéutica, sino también la racionalidad que la sustenta.

Las implicaciones de tal demolición y crisis son inevitables, serias y profundas, inclusive para la interpretación de la Biblia.[4] Por eso, urge recuperar la naturaleza auténtica de la verdad y tener así de ella una nueva comprensión; por eso, además, urge explorar una nueva racionalidad hermenéutica que, en lo posible, sea libre de ataduras filosóficas "perversas" y se convierta en una alternativa a la posepistemología y a la positivista cientificista moderna. Esa racionalidad sería la analógica. Entonces, el propósito primario de este ensayo es unirme a esa exploración.

Noción posmoderna de verdad hermenéutica

Nos proponemos describir aquí el pensamiento hermenéutico de Michael Foucautl (1926-1984), político y filósofo deconstructi-

---

[3] Por ejemplo, la metafísica; véase Trías (2001, pp. 283-296); Wendt (2000). Véase allí mismo la noción de verdad de estos autores posepistemológicos y su rechazo a la noción positivista de la misma.

[4] Por ejemplo, el intérprete no tendría meta alguna en la interpretación, como el discernir la verdad del texto que sea hasta lo posible fiel a la del autor. Véase alguna implicaciones para la historia en Romanenghi Powell (2006, pp. 91-101, especialmente).

vista nietzscheano, cuya influencia pesa en casi todos los ámbitos culturales y académicos contemporáneos. Este controvertido autor francés, de difícil lectura, ha contribuido a la demolición y crisis de la noción positivista de verdad hermenéutica y a la popularización de una típicamente posmoderna.[5]

Dominios de saber

Los parámetros usados para distinguir lo verdadero de lo falso, opina Foucault, son propios de cada época. Estas presuposiciones lo llevarán a proponer un programa denominado "regímenes o políticas de la verdad". Con base a este programa, Foucault expresará su propia visión del mundo y sostendrá que a distintas estrategias discursivas o regímenes de pensamiento corresponden distintos conceptos de verdad avalados, parcial o totalmente, por algún tipo de poder. Estos conceptos de verdad cambian en la medida en que se van modificando los regímenes de pensamiento y las relaciones de poder que los constituyen, sustentan y legitiman.

Foucault considera que lo anterior puede verificarse en la historia. Es que a lo largo de ella, piensa él, se han legitimado determinadas prácticas sociales como válidas no solo para promover tácticas para acceder a la verdad —que continúan vigentes, por ejemplo, en la política, el comportamiento cotidiano y la investigación científica—, sino también para generar nuevos dominios de saber que traen a luz nuevos objetos, conceptos, técnicas y formas de sujetos de conocimiento. Foucault (2001, pp. 13-33) opina que entre las prácticas sociales que se prestan más a los mecanismos de poder están las judiciales; son producto de esos

---

[5] Las lecturas múltiples y hasta encontradas de su pensamiento no se han hecho esperar. Con todo, sin pretender ser un especialista en este autor —que interprete a cabalidad su pensamiento y conozca de ese mismo modo los cambios y rupturas en el mismo—, procuraremos interpretarlo en dos de sus obras de estilo denso, asistemático y confuso, y de traducción inadecuada: (2001) y (1992). Especialmente en la primera, y siguiendo a Nietzsche, Foucault da a *Edipo rey* una interpretación deconstructivista y diferente de la clásica griega y de aquella que el sicoanálisis freudiano le ha dado. En ella también se propone investigar la historia de los dominios del saber en relación con las prácticas sociales, analizar los discursos y reelaborar una teoría del sujeto alejada del cartesianismo o kantianismo.

mecanismos de poder y evidencian mejor la historia "externa" de la verdad.[6]

Tácticas para acceder a la verdad

Un momento clave de la historia, opina Foucault, lo constituye el mundo literario griego antiguo y clásico, representado en dos obras célebres: la *Ilíada,* epopeya de Homero compuesta hacia 725 a.C., y *Edipo rey,* tragedia de Sófocles (495-406 a.C.). Pese al fondo mítico que las caracterizan, Foucault considera que son testimonio de las tácticas para acceder a la verdad en la práctica judicial griega:[7] la prueba en la Grecia antigua y la indagación o "símbolo" en la clásica.

Foucault observa que el uso de la prueba puede detectarse en el canto XXIII de la Ilíada, donde se relata la disputa entre Antíloco y Menelao, los primeros competidores en los juegos que solían ser realizados en homenaje a la muerte de Patroclo. Regularmente este homenaje incluía una competencia de carros en un círculo de ida y vuelta. Pasaba por una baliza a la que debía rodearse, y junto a ella se colocaba un veedor encargado de que la competencia se llevase a cabo honestamente.

---

[6] En estas páginas, Foucault distingue dos historias de la verdad. Una es la "interna" y corresponde a la que se hace en o a partir de la historia de las ciencias; la otra, la "externa", es el resultado de definirse continuamente en la sociedad determinadas reglas de poder que dan pie a nuevos sujetos de conocimiento y tipos de saber. Es esta historia última la que, las páginas 7-59, él se propone explorar mediante una lectura de la *Iliada* y *Edipo rey*. Seguiremos esta lectura de Foucault, pero añadiendo frecuentemente mi propia opinión y suponiendo un conocimiento de esas dos obras griegas por parte del lector. Ya que he señalado las páginas donde nuestro autor hace la lectura de ellas, omito las respectivas notas bibliográficas frecuentemente.

[7] Por eso él dará a *Edipo rey* una interpretación diferente del sicoanálisis freudiano, pues no busca el sentido del mito en la tragedia ni hacer una reinterpretación del mismo, porque la obra no se refiere totalmente a un problema de incesto. Al relacionarla con las prácticas judiciales y reubicarla en una historia de la búsqueda de la verdad, lo que él busca es, por un lado, el tipo de discurso que se desarrolla en la tragedia (que da fe de cómo los personajes se hacen preguntas y se responden unos a otros) y, por el otro, las tácticas empleadas para acceder a la verdad. En otras palabras, no busca en esta tragedia el origen y formulación del deseo sexual, sino la historia del saber y el punto de emergencia de la indagación, o bien, ir más allá de una mitología del deseo a una historia fáctica de la verdad; Foucault (2001, pp. 18-28, 150-151).

Sin embargo, Antíloco gana la competencia haciendo trampa. Menelao lo denuncia ante el jurado, pero este, en lugar de apelar al testimonio del veedor, permite que los dos competidores hallen por sí mismos la verdad del siguiente modo. Después de la acusación de Menelao y el alegato de Antíloco, el primero lanza un desafío al segundo: "Pon tu mano derecha sobre la cabeza de tu caballo; sujeta con la mano izquierda tu fusa y jura ante Zeus que no cometiste irregularidad". Pero Antíloco se niega a jurar, con lo cual reconoce tácitamente su culpabilidad. En las páginas 40-41 de su obra *La verdad y las formas jurídicas,* Foucault comenta:

> He aquí una manera singular de producir la verdad, de establecer la verdad jurídica: no se pasa por el testigo sino por una especie de juego, prueba, por una suerte de desafío lanzado por un adversario al otro. Uno lanza un desafío, el otro debe aceptar el riesgo o renunciar a él. Si lo hubiese aceptado, si hubiese jurado realmente, la responsabilidad de lo que sucedería, el descubrimiento final de la verdad quedaría inmediatamente en manos de los dioses y sería Zeus, castigando el falso juramento, si fuese el caso, quien manifestaría con su rayo la verdad.

Esta es la vieja práctica de acceder a la verdad, acota Foucault, en la que esta es revelada no por un veedor, indagación o testimonio, sino por un juego de prueba mítico-religiosa desafiante y religiosa: pedir al acusado atreverse a jurar bajo pena de castigo por parte de los dioses. Fue así como el temor a los rayos de Zeus esclarecería la verdad. De modo que, si interpretamos correctamente a Foucault, la resolución de un conflicto judicial en la sociedad griega arcaica mediante la prueba pone en evidencia una táctica de acceso a la verdad y aceptación de la misma que es aliada al poder, ya que se ponía en juego la fuerza, el peso o la razón de quien acusaba o desafiaba.

Aunque en varios momentos de *Edipo rey* se accede a la verdad usando el mismo mecanismo, se hace mayormente, opina Foucault, con la indagación. Para averiguar quién mató a Layo, rey anterior de la ciudad de Tebas, la indagación se vale a la vez de otra técnica: "la ley de las mitades", el esclarecimiento por mitades que van ajustándose y acoplándose unas con otras hasta reconstruir la totalidad de la verdad".[8]

Ante la peste que asolaba a Tebas, y queriendo encontrar la causa y una solución por sí mismo, Edipo, sucesor de Layo inicia una investigación con base a ciertos presupuestos mítico-religiosos. Envía a consultar al dios Apolo, quien le responde con una verdad a medias: "la peste se debe a una maldición". La mitad faltante es proporcionada por Creonte —hermano de Yocasta, viuda de Layo y ahora esposa de Edipo— cuando, presionado por este, añade que la maldición se debe a un asesinato.

Luego un nuevo juego de mitades comienza a desgranarse cuando Edipo interroga a Apolo sobre la identidad de la víctima. El dios le responde que fue Layo, pero se niega a declarar quien fue su asesino. Ante esto, Edipo decide interrogar a Tiresias, el divino adivino ciego, y este indica que el asesino es quien lo está interrogando. Aparentemente, arguye Foucault (2001, p. 43), con esto el juego de las mitades ha quedado completo (maldición, asesinato, víctima y culpable) y la verdad plenamente revelada.

Sin embargo, no es así, ya que, temiendo y dudando ser el asesino,[9] Edipo continúa en búsqueda de la verdad, ahora apelando al testimonio. Se identifica al asesino de Layo por medio del acoplamiento de dos testimonios, uno de Yocasta y el otro de Edipo. Primero, aquella, a fin de tranquilizar a Edipo, le asegura que él no puede ser el homicida, ya que Layo fue asesinado por tres hombres en una encrucijada de camino. En ese preciso momento, Edipo recuerda angustiado haber matado a un hombre en una encrucijada, con lo cual la verdad pareciera haberse completado.[10]

---

[8] Por eso, como piensa Foucault, y como lo subrayaré más adelante, esta forma impresionante, lejos de ser retórica, es religiosa, política y mágica casi en su totalidad.

[9] Esther Díaz (2001) considera que esta duda se debe a que cuando se escribió la obra (siglo V a.C., aprox.), ya no se tenía fe inquebrantable en el testimonio de los dioses y sus representantes, a diferencia del tiempo arcaico cuando todavía se creía en los rayos vengativos de Zeus.

[10] Sin embargo, pese a que el juego de mitades se ha completado con el testimonio de Yocasta y el de Edipo, Foucault (2001, p. 44) opina correctamente que la verdad todavía queda incompleta, pues falta un asunto que nunca se dilucida en la obra: si Edipo, a fin de casarse con Yocasta (no sabiendo que era su madre), asesinó a Layo solo o con la ayuda de dos personas más. Esto lleva a Díaz (2001) a

Capítulo 7: Verdad y racionalidad

Luego, sin embargo, aparece un nuevo y final juego de mitades, el acoplamiento del testimonio de los esclavos. Uno de ellos viene de Corinto a fin de notificar la muerte "natural" de su amo Polibio, rey de Corinto y supuesto padre genético de Edipo. Ya que Edipo asesinaría a su padre según un vaticinio de Delfos conocido por él, la noticia del esclavo disipa temporalmente su angustia, generando en él dos razonamientos: que el vaticinio de Delfos no podía haberse cumplido, ya que su padre Polibio había muerto de modo natural, y que él no pudo haber asesinado a Layo, ya que este no era su padre.

Con todo, el nuevo y final juego de mitades de la verdad se abre solo cuando el esclavo confiesa a Edipo que su padre real era Layo. Acto seguido, refuerza esta mitad agregando que fue de manos de otro esclavo, quien huyendo vivía escondiéndose en el monte Citerón —pues quería mantener en secreto la verdad— que recibió a un niño procedente del palacio de Layo, a fin de que su amo Polibio lo adoptara. Ante tamaña confesión, y haciendo uso de su poder regio, Edipo ordena que comparezca ese esclavo para completar la mitad faltante; esto lo hará cuando bajo amenaza de tortura confirma la veracidad del testimonio primero y agrega que lo que quería era librar a ese niño palaciego, cuya madre era Yocasta (según le habían dicho), de morir en manos de su padre Layo.

Foucault opina que en esta coyuntura del relato el ciclo queda completado, si bien falta ratificarse lo que hasta aquí se ha investigado (otro elemento fundamental de la indagación), puesto que Yocasta no está presente para atestiguar que ella entregó el niño al esclavo. Esto es así, pues ahora, agrega Foucault (2001, pp. 45-46),

> Sabemos que Edipo era hijo de Layo y Yocasta; que le fue entregado a Polibio; que fue él, creyendo ser hijo de Polibio y regresando para escapar de la profecía, a Tebas —Edipo no sabía que era su patria— quien mató en la encrucijada de tres caminos al rey Layo, su verdadero padre. El ciclo está cerrado. Se ha cerrado por una serie de acoplamiento de mitades que se ajustan unas con otras. Es como si toda esta larga y compleja historia del niño que es al mismo tiempo un exiliado debido a la profecía y un fugitivo de la misma profecía, hubiese sido partida en dos e inmediatamente vueltas a partir en dos cada una

---

observar que algo análogo sucede en la investigación científica actual, donde siempre se tiene que lidiar con teorías anómalas o poseyendo zonas de oscuridad.

de sus partes, y todos esos fragmentos repartidos en distintas manos. Fue preciso que se reunieran el dios [Apolo] y su profeta [Tiresias], Yocasta y Edipo, el esclavo de Corinto y el de Citerón para que todas estas mitades y mitades llegase a ajustarse unas con otras, a adaptarse y reconstruir el perfil total de la historia.[11]

Si ahora observamos los efectos producidos por estos ensamblajes recíprocos, arguye Foucault (2001, pp. 47-48), se verá que se dan ciertos desplazamientos de la verdad en la medida en que las mitades se van ajustando. Uno de ellos irá del nivel de la profecía o de los dioses (Apolo y Tiresias) al de los reyes (Edipo y Yocasta), y otro, de este nivel último al de los esclavos. Tales desplazamientos permiten ver no solo cómo la forma en que la verdad se anuncia cambia, sino también cómo la revelación de la verdad total cambia las relaciones de poder. Foucault arguye que este cambio último puede se visto al final de la obra, cuando el pueblo, que se apodera del derecho de cuestionar el poder y el saber que hasta ese momento detentaba Edipo, destituye a este al enterarse de su parricidio e incesto y pone a Creonte en su lugar. Así, Edipo lo pierde todo, incluso a su madre-esposa, pues finalmente ella se suicida.

El tema del poder, observa Foucault, se pone de relieve en la obra, si se tiene en cuenta que lo que se cuestiona de Edipo es su poder excesivo. Era por esto que, aun en la cúspide, se sentía

---

[11] En estas mismas páginas, Foucault opina que esta ley de las mitades corresponde y sigue una forma no tanto retórica, sino más bien religiosa, política y hasta mágica griega que es el "símbolo" (σύμβολον). Como instrumento de ejercicio de poder, esta técnica del símbolo "permite a alguien que guarda un secreto o un poder romper en dos partes un objeto cualquiera —de cerámica, por ejemplo— guardar una de ellas y confiar la otra a alguien que debe llevar el mensaje o dar prueba de su autenticidad. La coincidencia o ajuste de estas dos mitades permitirá reconocer la autenticidad del mensaje, esto es, la continuidad del poder que se ejerce. El poder se manifiesta, completa su ciclo y mantiene su unidad gracias a este juego de pequeños fragmentos separado unos de otros, de un mismo conjunto, un objeto único, cuya configuración general es la forma manifiesta del poder. La historia de Edipo es la fragmentación de esta obra, cuya posesión integral y reunificada autentifica la detención del poder y las órdenes dadas por él. Los mensajes, los mensajeros que envía y que deben regresar, justificarán su vinculación con el poder porque cada uno de ellos posee un fragmento de la pieza que se combina perfectamente con los demás; Foucault (2001, p. 46).

siempre amenazado de perder ese poder y luchaba por conservarlo. Además, se convirtió en rey gracias a su saber excesivo y exclusivo, pues únicamente él fue capaz de resolver los enigmas de la Esfinge y así aliviar de los tormentos que amenazaban a la ciudad.

Este poder y saber, sin embargo, degeneró en algo negativo, porque, al igual que otros tiranos griegos de la época, Edipo llegaría a considerarse dueño de la ciudad que gobernaba y, sin escuchar a los dioses ni a los hombres, procuraría que su voluntad y sus propias verdades prevaleciesen y fuesen "la" ley allí (Foucault, 2001, pp. 49-55).[12] En su hambre de poder y saber y de gobernar por sí solo habría de enfrentar los testimonios y las verdades de los testigos de lo acontecido (los dos esclavos). Vemos así, observa Foucault, cómo funciona el juego de las mitades y cómo, al final de la obra, el poder y el saber convierten a Edipo en un personaje superfluo frente a la transparencia simbólica de lo que sabían los esclavos y habían dicho los dioses. En suma, concluye Foucault (2001, pp. 56-59), ese poder y saber convierten finalmente a Edipo en un paradigma de poder sin saber y de saber sin poder.[13]

---

[12] Esas mismas páginas, Foucault señala otros modos cómo Edipo solía hacer lo argumentado y aduce que eran modos propios del tirano histórico griego de finales del siglo VI y comienzos del V, quien, después de pasar por muchas vicisitudes y llegar a la cúspide del poder, tendía a sentirse amenazado de perderlo. Los tiranos, además, se caracterizaban por su poder y saber exclusivos. Véase también en estas páginas cómo Edipo respondía al sentirse amenazado tocante al poder y saber que detentaba.

[13] Por eso, señala Foucault (p. 56 de esa misma obra), la tragedia de Sófocles está muy cerca de lo que sería unos años después la filosofía platónica, la cual resta valor "al saber de los esclavos, memoria empírica de lo que fue visto, en provecho de una memoria más profunda, esencial, como es la memoria de lo que se vio en el ámbito de lo inteligible". A la luz de todo lo visto, es injustificable, opina Foucault (misma obra y página), que en la modernidad tardía Freud interprete esta tragedia desde una perspectiva sicoanalítica y vea en Edipo a un hombre del olvido, del no-saber o simplemente del inconsciente. Freud olvida que antes de su caída, y al ser colocado dentro del mecanismo del "símbolo", Edipo sabe demasiado y une su saber y su poder de un modo condenable. Además, agrega Foucault (misma obra y página), es interesante ver que el título de la tragedia es *Edipo rey*, no *Edipo, el incestuoso* o *Edipo, el asesino de su padre*.

Conclusión

Para acceder a la verdad y resolver a la vez conflictos y litigios dentro de la civilización griega se usaron, entre otras tácticas, la prueba (*Ilíada*) y, más tarde en la Grecia clásica, la indagación y el "símbolo" (*Edipo rey*).[14] Estas tácticas han generado modelos de acceso a la verdad que siguen dando lugar a nuevos tipos o dominios de saber y nuevos sujetos de conocimiento. Ellas, además, instauran cierto tipo de relación entre poder político y saber, conocimiento o verdad, por lo cual esta relación va a estar condicionada tanto a esos juegos de poder que la producen, sustentan y legitiman en cada sociedad como a los efectos de poder que la acompañan.[15]

---

[14] En este punto habría que recordar, por lo menos, dos cosas importante que Foucault analiza ampliamente en las páginas 6-140 de su obra *La verdad y las formas jurídicas,* que hemos venido citando. La primera es que con el advenimiento del cristianismo surgirá en Occidente un nuevo sistema de pensamiento que preconizará una nueva noción de verdad (la verdad como revelación) y para acceder a la verdad usará también las técnicas anteriores, especialmente la indagación, en la ciencia y en la reflexión filosófica. La segunda es que a partir de la modernidad tardía se impondrá otra técnica predominante todavía en la "sociedad disciplinaria" actual, donde hay normas para todo y vigilancia para que se cumplan; esta técnica es la del "examen". A partir de esta época que exalta la libertad, opina Foucault, se da algo paradójico: la preparación de personas convenientemente domesticadas para que puedan trabajar en tareas rutinarias y mecánicas, como correspondía a la revolución industrial que se avecinaba y a las exigencias burguesas de orden, control y producción. Para asegurar estas exigencias, concluye Foucault, es que se inventa la técnica del examen como herramienta de control humano, a fin de ajustar la conducta y la producción a los estándares sociales considerados "normales".

[15] Véanse en Foucault (2001, pp. 6-140) y en Díaz (2001) cómo esas técnicas produjeron nuevos saberes y sujetos cognoscentes en la Grecia antigua y clásica, y en el Medioevo occidental, y cómo son usadas actualmente para acceder a la verdad y constituir prácticas sociales y dominios de saber en los que subyacen poderes de los cuales emergen sujetos sujetados a todos los dominios de saber y poder. Como lo subrayaremos más adelante, la verdad está condicionada no solo a los juegos de poder, sino también a la praxis socio-histórico-interpersonal previa (la "conciencia histórica" de la cual habla Gadamer en su obra *Verdade e método,* pp. 436-458; *Verdad y método,* pp. 415-458), por medio de la cual se relacionan y dialogan los otros elementos esenciales de la epistemología hermenéutica moderna: a) el sujeto (de saber, pero objetivado porque, según se pensaba, se limita a "reflejar" las propiedades de los objetos indagados, no añadiendo nada nuevo a los mismos), y b) el objeto (a ser conocido). Esta praxis es la que permite que toda afirmación, opinión o verdad, enunciadas desde los diferentes juegos de lenguaje, sea contextual, situada

Ahora bien, implica Foucault (2001, p. 59 cp. 1992, pp. 78-88, 105-112, 156-191), las anteriores obras y técnicas enseñan mucho, especialmente en nuestra cultura occidental, que todavía vive anclada en esa relación poder-saber y dependiente de una mentalidad epistemológica dominada por el mito de Platón; este mito es que el poder político del humanismo moderno es ingenuo, que quienes lo detentan no manejan verdades, o que estas convencen por sí mismas por estar libre del influjo del poder. Este mito ha engendrado otro: que la verdad y el poder son irreconciliables. Bajo el influjo del humanismo moderno se ha pensado que quienes poseen saber son incapaces de ejercer poder, o que cuando lo ejercen cesa automáticamente el saber, pues este es posible solo cuando se reniega voluntariamente del poder.

Foucault (2001, p. 39) piensa que lo anterior es una falacia, porque ningún poder puede ejercerse independientemente del saber y para que el saber sea lo que es debe ser originado por el poder. Este es el auténtico complejo de Edipo en Occidente, que se da a nivel no individual, sino colectivo, y a propósito no del deseo y del inconsciente, sino del poder y del saber.[16]

De la objetividad y subjetividad a la plurijetividad de la verdad hermenéutica

¿Cuál es, pues, la naturaleza de la verdad hermenéutica según Foucault? ¿Hasta qué punto este concepto demuele y pone en crisis al positivista moderno? ¿Hasta qué punto la verdad hermenéutica bíblica puede ser contextual y estar aliada al poder? Estas son algunas interrogantes que, si se respondiesen juiciosamente, nos ayudarían en el esfuerzo por liberar a nuestra racionalidad hermenéutica de aquellas influencias filosóficas "perversas" que la han venido desvirtuando. Además, nos ayudarían en el esfuerzo por rescatar la

---

históricamente o, en suma, subjetiva; véanse, además, la nota a pie de página 1 y también Wendt (2000).

[16] Esta perspectiva lleva a Foucault a considerar que el saber entraña un poder y que todo poder revindica un saber; además, como lo observaremos más adelante, esta perspectiva lo lleva a ver el poder como una instancia no solo negativa (cuya función es, por ejemplo, reprimir), sino también positiva de formulación y creación.

naturaleza auténtica de la verdad hermenéutica y por buscar una nueva racionalidad que sea balanceada epistemológicamente y más relevante al contexto posmoderno actual.

Objetividad y subjetividad

Foucault no elabora una teoría concreta y clara de la verdad. Se limita a describir única y oscuramente su acontecer, básicamente en aquellas prácticas sociales más dadas al juego de poder, como las judiciales. Pese a ello, bien podría argumentarse que para él la verdad es un producto del consenso social que, por ese mismo hecho, saca a luz no solo la intersubjetividad del contexto en que están inmersos los sujetos cognoscentes como intérpretes del texto, sino también el poder que la produce y legitima. Siendo una fuerza que circula en todos los ámbitos sin detenerse, el poder se infiltra en estos sujetos y en todo el tejido social.[17] Para Foucault, entonces, la verdad es

---

[17] Esta es la razón por qué Foucault piensa que el sujeto nunca puede verse libre de practicar "juegos de poder" y por qué el poder es el productor y legitimador de la verdad. Sirviendo como medio de represión, opina Foucault, el poder estructura espacios de interacción, normados por reglas de observación, haciendo que ciertas cosas sean aceptadas como legítimas o verdaderas. Ahora bien, ¿a qué poder se refiere Foucault? Además de no hacer diferenciación conceptuales —por ejemplo, entre poder y dominación, autoridad, influencia o coacción—, Foucault tampoco da una definición clara y precisa de lo que él entiende por poder. Con todo, el poder al cual más pareciera referirse es el político tradicional, vinculado y reducido al Estado, bien en su versión de derecha como poder soberano expresado en el derecho constitucional, o en su versión marxista como superestructura de dominación clasista. Por otro lado, si nos atuviésemos a su noción de poder como relación de fuerzas, podría argumentarse que él estaría refiriéndose mayormente al subyacente a lo largo y ancho del tejido social, en pequeños e innumerables focos (micropoderes) que van desde un jefecillo hasta un redactor jefe de periódicos, cuya función es reprimir y sustentar el conocimiento; véase Foucault (1992, pp. 105-112, 15-15, 178-193, donde, además, y como subrayaremos más adelante, otorga al poder fines positivos). Así, pues, el poder al cual se refería Foucault no es patrimonio del Estado ni de un grupo determinado, pero también el "perverso" (opresivo) y a la vez el productivo o positivo. De modo que Foucault ofrece una perspectiva del poder que no solo rompe con la visión tradicional del mismo, sino que también cambia la relación entre teoría y práctica. Para más detalles, véanse Foucault (1992, pp. 78-88); Reyes (2008, pp. 125-15); Ávila (2006). Para críticas, cp. Elorza y otros (s.f.); Touraine (1994, pp. 164-172, y desde una perspectiva teológica, Campos (1997).

Capítulo 7: Verdad y racionalidad

contextual y, por ende, subjetiva, local, contingente, equívoca, relativa y más aun, aliada al poder y legitimadora del mismo.[18]

En la mentalidad positivista moderna, arguyen Sotolongo Codina y Delgado Díaz (200, pp. 47-63), la figura epistemológica moderna clásica ha sido determinante en la concepción de la verdad hermenéutica.[19] Esta figura, que expresa el modo cómo incluso en la actualidad se sigue concibiendo las vías para obtener el saber verdadero, no es otra cosa que la relación sujeto-objeto; en esta relación el sujeto es el que busca el conocimiento, y el objeto el que va a ser conocido. Según estos autores, la tendencia ha sido de querer manipular esya figura, ya sea desde una perspectiva epistemológica objetivante (gnoseologizante) o desde una subjetivante (fenomenologizante). Con base a la primera, propia de la mentalidad positivista, se ha redimensionado excesivamente el objeto en su relación con el sujeto; en cambio, con base a la segunda, propia de la mentalidad posepistemológica, se ha hecho lo contrario: redimensionar al sujeto en su relación con el objeto.

Esta manipulación ha operado con ciertas presuposiciones. Si la perspectiva objetivante ha considerado que en el proceso de investigación o lectura las propiedades del objeto indagado no son alteradas o contaminadas por el sujeto de conocimiento, es porque ella

---

[18] Por su parte, Gadamer diría que la en las "ciencias del espíritu" —que son ciencias hermenéuticas en las que todo conocimiento, además de mediado por la historia, es autoconocimiento— la verdad (que en estas ciencias tiene como paradigma la obra de arte y se produce sin uso correcto de método alguno) no puede identificarse con exactitud, ya que ella involucra al sujeto que estudia y al objeto que se estudia. De esa cuenta, también para Gadamer la verdad hermenéutica es producto de la historia y, por ende, contextual, nunca objetiva ni absoluta (1999, pp. 273-556; 2007, pp.121-142). Así, pues, al igual que Foucault, Gadamer desobjetiviza la verdad, volviéndola equívoca y relativa.

[19] Estos autores nos recuerdan que esta figura fue tomando forma a partir de los albores de la modernidad, cuando se ve a la racionalidad como el ejercicio agudo de la razón —que lo capacitaba para la cognición— y el ser humano comienza a percibirse como "sujeto" de saber. Antes de dicha época, observan estos autores, la figura epistemológica era otra: la de la unidad macrocosmos-microcosmos. Esta figura indicaba que el ser humano se percibía precisamente como microcosmos humano, en íntima unidad inmanente consigo mismo, pero también en armonía con el resto del macrocosmos, razón por la cual este podía ser asequible al saber. Lo que sigue procede esencialmente de esta fuente, por lo cual suprimo las notas bibliográficas correspondientes.

ha supuesto que en dicho proceso es posible desconectar al sujeto (investigador-lector) del objeto que se indaga o lee. En cambio, si la perspectiva subjetivante considera que en ese mismo proceso se establecen las instancias responsables en la conciencia del sujeto para evitar la incidencia del objeto indagado, es porque ella ha considerado que en ese proceso es posible desconectar al objeto del sujeto de conocimiento.[20]

De modo que una vez el sujeto, en la manipulación objetivante, es convertido en uno lógico-metodológico (de operaciones lógicas y metodológicas universales) y objetivado que no añade nada nuevo), se limita únicamente a reflejar o representar (racionalmente) las condiciones del objeto (irracional) indagado.[21] Consecuentemente, el saber obtenido del objeto de investigación o lectura es neutral o "químicamente puro", incontaminado de la subjetividad del investigador o lector. No es de extrañar que en la mentalidad positivista esta perspectiva objetivante haya conducido a concebir la verdad hermenéutica como correspondencia o, mejor, de adecuación precisa y coherente del contenido proposicional de un enunciado con la realidad inherente a la cual alude dicho contenido. Tampoco es de extrañar que en los diversos ámbitos científico-académicos, y más aun en la cultura de masas, uno de los ejes transversales sea la tendencia a identificar verdad con este tipo de objetividad.[22]

---

[20] Así, pues, el papel del objeto queda reducido al de un "fenómeno" susceptible de experimentar un proceso de "constitución" en la conciencia del sujeto. Así también puede entenderse que su desconexión equivale, en relación epistemológica, a partir de un objeto convertido en uno subjetivado. Se llega así a una relación entre dos subjetivaciones: la del que investiga o lee, y la del objeto subjetivado. No es de extrañar que esta manipulación sea denominada "subjetivante"; cp. Sotolongo Codina y Delgado Díaz (2006, pp. 50-51).

[21] Según esta perspectiva objetivante, el investigador o lector se acerca a su objeto *tabula rasa,* es decir, como si careciese de un horizonte de valores, perspectivas y nociones teóricas, y como si no supiese qué es lo que desea buscar en el objeto. Así, opinan Sotolongo Codina y Delgado Díaz (2006, p. 50), se llega a una relación entre dos objetivaciones: la investigada, y un sujeto objetivado.

[22] Esta identificación es llevada a cabo con base a la presuposición de que lo objetivo es sinónimo de lo científico y racionalmente válido y que lo subjetivo lo es de la falsedad, imaginación, equivocidad y relativismo. Es por eso que el arte literario, particularmente la poesía, frecuentemente es desdeñado, nunca reconocido en los ámbitos que sustentan esa presuposición. La razón de esta identificación, opina Muñoz-Torres (2002, pp. 172-174), es que, debido a la influencia del

Capítulo 7: Verdad y racionalidad

Plurijetividad

Habría que preguntarse si en el proceso de investigación o lectura es totalmente posible desconectar al sujeto (o los valores) del objeto (o los hechos fácticos) y, por lo tanto, tener no solo un conocimiento totalmente objetivo, sino también un concepto objetivante de la verdad hermenéutica. También habría que preguntarse si es posible identificar esa verdad únicamente con ese tipo de conocimiento.

Partiendo desde una perspectiva filosófica realista,[23] Muñoz-Torres (2002 cp. Sotolongo Codina y Delgado Díaz (2006, pp. 47-63; Gadamer (1999, pp. 400-558; 2007, pp. 415-458) observa que la mentalidad positivista ha falseado incluso el concepto clásico de verdad, porque ha olvidado que todo proceso de conocimiento se lleva a cabo inmerso dentro de una intersubjetividad. Por un lado, constantemente nos apoyamos en múltiples conocimientos obtenidos previamente por aquellos que consultamos y, por otro lado, investigamos objetos que nunca están aislados, sino articulados en relación con otros múltiples objetos del mundo.[24]

Además, como ya lo dijimos en otro capítulo de esta obra, todo sujeto cognoscente cuenta en su haber con un horizonte de vida que cambia constantemente su modo de pensar, y desde el cual inicia cualquier proceso de conocimiento. Este horizonte de perspectivas es

---

pensamiento empírico-positivista, se ha venido imponiendo, errónea y paulatinamente, el sentido epistemológico de los términos "objeto"/"objetivo" y "sujeto"/"subjetivo" sobre el ontológico.

[23] Desde esta perspectiva filosófica, a la cual han pertenecido Aristóteles, Aquino y, actualmente, pensadores como H. Putnam, la verdad es concebida como correspondencia y adecuación. Muñoz-Torres (2002, p. 175, n. 22) cita el siguiente ejemplo de Aristóteles, Metafísica, IV, 10, 1051b, 3-9, ed. García Yebra (Madrid: Editorial Gredos, 1990): "Pues tú no eres blanco porque nosotros pensemos que verdaderamente eres blanco; sino que, porque tú eres blanco, nosotros, lo que lo afirmamos, nos ajustamos a la verdad". El realismo es actualmente un crítico acérrimo tanto de la mentalidad epistemológica positivista moderna como de la posepistemológica relativista y sus respectivas nociones de verdad.

[24] Esta es una razón por la cual, como Gadamer (1999, pp. 400-558; 2007, pp. 415-558) opina correctamente, también el objeto o el texto está condicionado históricamente; es decir, posee al igual que el sujeto, un horizonte de vida, unido indisolublemente a un elenco de juicios, conceptos y valores de toda índole, adquirido previamente por medio de la experiencia y por abstracción.

indispensable para conocer la realidad que se indaga, ya que el conocer exige no solo diálogo de los datos sensoriales con ese horizonte, sino también su integración en él. Por otro lado, en todo proceso de conocimiento se hace una selección de entre la afinidad de datos que ofrece la experiencia del mundo —el conocimiento científico, por muy amplio que sea, no puede abarcarlos totalmente— y en ese acto necesariamente entra en función, normalmente implícita, la valoración de quien investiga, según su horizonte de criterio de relevancia y los fines que tenga. Se obtendrá poca ganancia con los datos en bruto, aun si quien los selecciona, conceptualiza, relaciona e interpreta pudiese aislarlos de su subjetividad.[25]

Así, pues, ya que es imposible erradicar del conocimiento los valores y conceptos absorbidos por el influjo poderoso de la "historia efectual" (horizonte de vida, valores y perspectivas),[26] dicho conocimiento jamás puede ser autónomo, objetivo ni absoluto, mucho

---

[25] Aquello que es relevante para un hermeneuta o teólogo, por ejemplo, no necesariamente lo sería para un sociólogo o científico experimental, o viceversa. Es más, aun si ellos partieran de una misma percepción de la realidad y seleccionaran los datos empíricos con base a los mismos criterios de relevancia, difícilmente llegarían a las mismas conclusiones o interpretaciones. También el grado de certeza tiene un carácter subjetivo —aunque no siempre arbitrario—, pues determinar que una prueba es suficiente y validar así una determinada hipótesis —de modo que llegue a ser una proposición científica probada— depende del criterio particular de cada investigador. No pueden establecerse criterios objetivos y claros que aseguren que distintas personas obtendrían el mismo grado de certeza; Muñoz-Torres (2002); Sotolongo Codina y Delgado Díaz (2006, pp. 47-63); Gadamer (1999, pp. 449-558); Romanenghi Powell (2006, pp. 67-75).

[26] En este contexto podría ser admisible la afirmación de que existen únicamente hechos interpretados y que las precomprensiones (carga anticipada de sentido o "verdad reflexiva") son valederas en la investigación de conocimiento. Gadamer, siguiendo a Heidegger y otros filósofos, opina que las precomprensiones deben ser evaluadas y tratadas creativa y positivamente, ya que no son necesariamente "perversas" y un obstáculo en el proceso de comprensión, sino estrategias de lectura y, por lo tanto, generadoras de significado; véanse las páginas 400-558 de su obra *Verdade*; y Croatto (1984). Sin embargo, esta manera de concebir las precomprensiones obedece a una premisa de Gadamer (y de muchos intérpretes de hoy, incluso de la Biblia) difícil de avalarse: la meta del proceso de comprensión no es reproducir el sentido original del texto, sino producirlo. Además, Gadamer no muestra cómo, en el proceso de conocimiento, uno se podría independizar, criticar y rechazar algo "perverso" de "la historia efectual"; véase Reyes (1997), donde planteo brevemente un modo de hacerlo mediante el uso de una hermenéutica analógica.

menos si se recuerda que se tiende a controlar, categorizar, juzgar, predecir y aun manipular los datos, a fin de integrarlos al horizonte de vida.[27] De modo que carece de fundamento intentar desconectar objeto de sujeto, hecho de valor y objetividad de subjetividad. Cada acto de conocimiento incluye algún elemento de juicio, por lo cual es imposible investigar el objeto sin alterarlo, por muy fiel que se quiera ser al mismo. Con todo, el hecho de que ese conocimiento sea lo contrario a lo que siempre se ha pensado y deseado no significa necesariamente que sea falso, insustancial o irracional, como se considera al conocimiento defendido comprometidamente.

El objetivismo positivista, agrega Muñoz-Torres (2002, p. 174), ha falseado el concepto clásico de verdad también porque ha olvidado las propias exigencias de todo proceso de conocimiento. Si dicho proceso requiere de la relación entre un objeto y un sujeto, el conocimiento va a poseer inevitablemente una dimensión objetiva y una subjetiva. No puede darse sin la concurrencia de los dos polos de la relación, así como la paternidad no puede darse sin la filiación. Muñoz-Torres (2002, p. 174 cp. Artigas 1995, pp. 101-111) agrega:

> Si hablar de paternidad hace ociosa la referencia a la filiación, por su obviedad, ¿por qué al hablar del conocimiento tendemos a enfatizar uno de los términos de relación, hasta el punto de preterir u olvidar el otro? ¿Acaso puede darse un acto de conocimiento sin el concurso imprescindible de un sujeto y un objeto? Y si esto es así, ¿qué sentido tiene, entonces, el empeño por intentar excluir a toda costa al sujeto de la relación cognoscitiva?

Consecuentemente, la verdad hermenéutica ya no debiera entenderse solamente como correspondencia con el-objeto-tal-cual-es (dimensión semántica objetiva), sino también, al mismo tiempo, como asentimiento (concedido en diversos grados, que van de la

---

[27] Esta tendencia es llevada a cabo en cuanto ese control, categorización, juzgamiento, predicción y manipulación se consideren buenos o contribuyan bastante al conocimiento que se desea obtener. De esa cuenta, son tareas que, además de hacernos ver la imposibilidad de que el conocimiento de lo fáctico pueda desvincularse de la apreciación subjetiva y capacidad valorativa de quien desea conocer, están lejos de ser ingenuas, neutrales o desinteresadas, si su interés es perseguir el bien y el progreso del conocimiento.

certeza —grado máximo de adhesión a la verdad de una proposición— a la opinión —grado menos firme de asentamiento— y duda —ausencia de asentimiento), el juicio mental de adecuación que un sujeto hace en torno al asunto al que se refiere dicho juicio.[28] De esa cuenta, si el conocimiento hermenéutico posee una dimensión objetiva y subjetiva a la vez, no puede ser identificado solamente con el elemento objetivo de la relación cognoscitiva, ni puede argumentarse que el conocimiento humano es auténtico solamente cuando es supuestamente objetivo o absoluto. Como arguye Muñoz-Torres (2002, p. 177, n. 32), presuponer tal cosa podría impedir que se dé la verdad,[29] falsear su naturaleza y confirmar el conocimiento

---

[28] Muñoz-Torres (2002, p. 175, n. 22), cita a Aristóteles *Metafísica,* IV, 10, 1005 1b: "...se ajusta a la verdad el que piensa que lo separado está separado y que lo junto está junto, y yerra aquel cuyo pensamiento está en contradicción con las cosas". Sigue citando de Aristóteles el ejemplo ya señalado en la n. 28. Ahora bien, en esta noción la dimensión objetiva está acompañada de una subjetiva. La primera es evidente en la correspondencia con la realidad (sin la cual no hay conocimiento, y que en la filosofía analítica se podría llamar "semántica" —contenido proposicional— de un enunciado o frase). La segunda es evidente en el asentimiento de correspondencia por parte del sujeto, que es la certeza en diversos grados, según la solidez de la evidencia y la naturaleza de la cosa. De ahí que la certeza propia de las matemáticas, la lógica de ciertos saberes empíricos no sea trasladable a ámbitos de conocimiento como la hermenéutica bíblica. Por esta razón, la filosofía realista no absolutiza la noción anterior de verdad, ya que la verdad que el ser humano pueda aprehender es parcial y sujeta a error, aunque no por ello dejaría de ser verdad. Como la certeza absoluta, la certeza moral, la opinión y la duda son todas subjetivas, para el realismo lo subjetivo y parcial no es necesariamente sinónimo de arbitrariedad, inverificabilidad, imaginación o falsedad.

[29] Las dos dimensiones de la verdad hermenéutica, de correspondencia y de asentimiento, son analíticas y constitutivas. Ambas son necesarias para que la verdad se dé. Por lo tanto, cabe hablar de verdad solamente cuando los juicios que un sujeto hace sobre algo corresponden con el ser de ese algo, y cuando el sujeto, que conoce esa correspondencia, asiente a la misma. No basta solo el asentimiento, ya que es posible asentir a una proposición carente de correspondencia real, ni basta solo la correspondencia, ya que, como señala Muñoz-Torres (2002, p. 177, n. 32), sería contradictorio afirmar: "La tierra es redonda, pero yo no lo sé". Esto es así, opina él en la misma nota, ya que si no conozco algo, tampoco estoy en condiciones de afirmarlo. Por otro lado, una presuposición es verdadera no porque sea racional, sino porque corresponde con la realidad (Muñoz-Torres, 2002, p. 180). Por eso, agrega este autor (2002, p. 179), aunque el sujeto es un elemento clave, la mentalidad realista considera que la causa de la verdad no está en él, sino en las cosas que existen, no importando si son conocidas o no.

Capítulo 7: Verdad y racionalidad

dentro de los límites de un subjetivismo que antepone la certeza absoluta a lo largo de la correspondencia.[30] Se sigue, entonces, que tampoco puede sostenerse hoy el presupuesto arraigado en la mentalidad positivista occidental: que la verdad es fruto únicamente del objetivismo.[31]

A la luz de todo lo anterior, la noción foucaultiana de verdad hermenéutica podría justificarse, pese a que, al igual que Gadamer, la subjetiviza de modo desequilibrado; este desequilibrio tendría implicaciones que serían lamentables, incluso para la ética. Ella es contextual no solo por ser producto del consenso intersubjetivo social y del impacto de la historia efectual sobre el sujeto, sino también por su naturaleza constitutiva y, más aun, por la naturaleza dialogal del proceso de conocimiento.[32] En este sentido, la verdad hermenéutica que se lograse discernir del texto bíblico nunca será total, sino, al igual

---

[30] De hacerse esto, se acabaría reduciendo la verdad a verificación empírica, con lo cual ella desaparecería o quedaría volátil frente al afán de asegurar su validez. Para más detalles al respecto y otros reduccionismos por parte de la concepción objetivista de la verdad, véase Muñoz-Torres (2002, pp. 11-190), donde este autor sostiene que tales reduccionismos tienden a desembocar en el relativismo, la desconfianza y hasta una abdicación de la razón.

[31] Tal sobrevaloración del objetivismo en nuestra cultura occidental se podría deber no solo al influjo de la "razón objetiva" cartesiana, sino también a que su reputación está anclada en el éxito de las ciencias experimentales. Este éxito ha permitido que el "conocer científicamente" venga a ser paradigma del genuino conocimiento, y que los postulados filosóficos y teorías "verificacionistas" del positivismo (como la evolución cósmica y biológica) vengan a ser aceptados acríticamente, como si fuesen infalibles, desinteresadas y contundentes. Otra razón podría ser, pensamos nosotros, que el objetivismo ha tendido a servir a nuestra cultura como evidencia de honestidad intelectual y como defensa frente a una acusación de abusar del texto sagrado al interpretarlo o, en el campo periodístico, frente a ciertos procesos penales por emitirse determinados juicios en la información.

[32] En el campo hermenéutico filosófico, como es ampliamente conocido, Gadamer (1999, pp. 400-558) nos ha recordado que el resultado lógico de esta naturaleza dialogal es la célebre fusión de horizonte del texto con ese del lector, pero la hermenéutica analógica agregaría que también el del autor. Así, estando el autor del texto incluido en este diálogo hermenéutico, habría mayor posibilidad de corregir el error de Gadamer y sus seguidores hoy incluso en el campo literario (la hermenéutica antrópica), de que la verdad es creada únicamente por el lector; además, así es posible corregir el error de la hermenéutica bíblica tradicional, que supone que la verdad es solo del texto y su autor y raras veces del lector también.

que la científico-empírica, subjetiva, parcial, falible y perfectible (cp. 1 Co. 13:12).[33]

Sin embargo, los factores intersubjetivos (los sicológicos y sociológicos) envueltos en el proceso de conocimiento debieran manejarse con cuidado para evitar que nos conduzcan a algún tipo de relativismo que intente demoler la racionalidad científica y la humana en general y, por ende, negar la posibilidad de que la verdad pueda fundamentarse también racionalmente. Por eso, cuando nosotros opinamos que lo que de ella pueda aprehenderse será siempre subjetiva, parcial, falible y perfectible, no queremos decir que necesariamente, y en todos los casos, carezca de partículas de la verdad auténtica y sea, por lo tanto, falsa, defectuosa, incomunicable o válida solo para el sujeto cognoscente.[34]

---

[33] El condicionamiento cultural del sujeto cognoscente y, por ende, de su conocimiento y lenguaje implica que el sujeto (el lector y su subjetividad) siempre está presente en el proceso de interpretación, lo que le impide alcanzar precisión en cada subjetivación y aprehender totalmente la verdad y comunicarla eficazmente. Por otro lado, una objetivación, por muy acertada que sea, tampoco aprehende totalmente lo que el texto pueda decir. Toda objetivación implica perspectiva parcial, por la cual la verdad o el conocimiento aprehendido del texto siempre será parcial y perfectible, y habrá siempre posibilidad de alcanzar objetivaciones más profundas y exactas. Consecuentemente, esa verdad o conocimiento no estará libre de impugnación no solo por causa de lo anterior, sino también por lo que señalo en la nota 35 más adelante. Ahora bien, otra razón por qué la verdad es subjetiva, parcial y perfectible la constituyen las limitaciones cognoscitivas naturales de todo ser humano. De ahí que el conocimiento o la verdad vaya a ser siempre falible, en contraste con la divina, que es perfecta y absoluta.

[34] En este sentido, los adjetivos anteriores pueden ser aplicados legítimamente a conocimientos auténticos de la realidad o del texto. Artigas (1995) opina lo mismo en torno a la verdad científico-empírica, al tiempo que es consciente de su naturaleza no solo contextual, sino también parcial y limitada. Según él, decir esto no significa que la verdad científico-empírica sea siempre falsa o defectuosa, sino que únicamente puede referirse a los aspectos de la realidad accesibles a la objetivación correspondiente, y que no es sino un reflejo de lo que es en sí la ciencia experimental que la produce. Esta ciencia es limitada, porque no puede someter a ningún control experimental ciertas dimensiones o realidades como, por ejemplo, las espirituales. No es que esta realidades no puedan ser conocidas, aclara Artigas, sino que no pueden ser objetos de la perspectiva de la ciencia experimental, pues un enunciado o teoría llega a ser aceptable científicamente solo cuando es capaz de exponerse al control experimental; es este requisito el que da razón de la fiabilidad y límites de la ciencia. Ahora bien, si la verdad hermenéutica careciera necesariamente de partículas de la verdad absoluta (auténtica) y, por lo tanto, fuese,

Capítulo 7: Verdad y racionalidad

Tampoco con lo anterior estamos negando que haya verdades absolutas y normativas depositadas en el texto sagrado. Lo que deseamos argumentar es que hoy hay necesidad de explorar una racionalidad hermenéutica alterna más amplia, crítica y, sobre todo, analógica, capaz de ayudarnos no solo a recuperar la naturaleza auténtica de la verdad, sino también a comprenderla de otro modo y superar así el reduccionismo epistemológico de las racionalidades moderna y posmoderna extremas. Obviamente, esto implica renunciar a esa racionalidad unilateralmente objetivista a la que hemos estado acostumbrados, aquella que concede veracidad únicamente a los juicios fácticos, que argumenta que es posible aprehender totalmente la verdad o tener un conocimiento absoluto del texto libre de impugnación,[35] y que tiende a identificar ese conocimiento solamente con objetividad.

Así, la tarea hermenéutica/exegética bíblica dejaría de ser excesiva y unilateralmente objetivista.[36] Por otro lado, la dificultad con Foucault no es únicamente que desobjetiviza radicalmente la verdad, volviéndola fluctuante, sino también que rechaza totalmente la razón, encaminándose de este modo al relativismo nietzscheano radical. Habría que ver si ese irracionalismo no es una razón por qué Foucault ata la verdad al poder y la equipara con el mismo.[37]

---

en suma, falsa en todos los casos, se estaría negando que ella puede ser aprehendida. Además, se estaría legitimando al pluralismo intelectual o interpretativo indiferenciado contemporáneo (y con ello al deconstructivismo hermenéutico, lingüístico y teológico posmoderno radical), según el cual todas las interpretaciones son igualmente válidas, incluso las descabelladas; ver Campos (1997).

[35]La ciencia es una actividad acumulativa, pues a medida que van ampliándose los conocimientos sobre un tema las ideas sobre el mismo se van profundizando y perfeccionando. También por eso las verdades científicas y bíblicas aprehendidas son relativas en el sentido de que no proporcionan ni reflejan un conocimiento completo sobre el tema tratado. Poseen aspectos que, a la luz del progreso del conocimiento, se van modificando y sustituyendo por otros. En este sentido, cada verdad relativa constituye un paso adelante. ¿Acaso no es así cómo continúan avanzando las ciencias bíblicas y el conocimiento de la revelación escrita?

[36] Así también, por supuesto, dejaría de ser excesivamente racionalista y estaría, por lo tanto, con mayor disposición de dar espacio a otras racionalidades legítimas (tales como la metáfora y el símbolo) y a otros modos posibles y legítimos de comprender el sentido del texto bíblico.

[37] Como ya vimos, según Foucault, el poder es también una red productiva en constante cambio que atraviesa todo el tejido social y produce, entre otras cosas,

Lo anterior no significa apoyo alguno al mito occidental deconstruido por Foucault. Tampoco significa negar que, por ejemplo, la educación, la hermenéutica bíblica, la pastoral y la tecnología contemporáneas sean interesadas. Si el poder, como bien arguye Foucault, es una fuerza que circula en todos los ámbitos y por medio de los individuos, nos guste o no, estos campos del saber no siempre estarían inmunes al saber institucionalizado,[38] al juego del poder y al peligro de convertir la verdad y los discursos en mecanismos de dominación ideológica y exclusión ideológica, aunque sea inconscientemente y pase desapercibido por el estudiantado, el pueblo de Dios o los receptores de un comercial de televisión.[39] De ahí que la responsabilidad, especialmente del

---

verdades, saberes, discursos y hasta placer; de ahí que no solo su aceptación, sino también su fortaleza y vigencia se deban a estos efectos productivos tanto a nivel del deseo como al del saber. No es de extrañar, entonces, que Foucault considere que para que la verdad sea tal debe ser creada por el poder y que, consecuentemente, la identifica con el mismo. De modo que no solo la ata a un destino (ser irremediablemente aliada al poder), sino que también la encierra en un círculo vicioso del cual no puede escapar, si se recuerda que una de sus tesis centrales es que el poder crea perpetuamente saber y que el saber conlleva efectos de poder.

[38] Nos referimos aquí a ese saber acordado políticamente en el que suele darse el juego de represión y exclusión por parte de lo que Foucault (1992, pp. 127-140), denomina "circuitos reservados del saber". A estos circuitos, opina él, es difícil tener acceso, ya que tienden a formarse dentro del aparato de producción. El conocimiento que se imparte pasa por determinado filtro, permitiéndose así derecho únicamente a un determinado tipo de saber, y eso solamente para una minoría, pues hay amplios sectores que permanecen al margen incluso de este conocimiento filtrado.

[39] De ahí que, en el campo de la pedagogía, Paulo Freire haya denunciado y deconstruido la "educación bancaria", propia de las pedagogías tradicionales. En estas pedagogías, además, el maestro suele confundir la autoridad del saber con su propia autoridad profesional, a la cual hace prevalecer en desmedro de la libertad y capacidad reflexiva y discursiva de sus estudiantes. "Aparece aquí el discurso", opina Galicia Pérez (en "Las relaciones de poder en el aula: Género y pedagogía"), "como práctica institucional y disciplinar mediante la cual se participa en la formación, funcionamiento y difusión de los políticamente aceptado e impuesto desde las instancias de poder"; cp. Núñez (2006, pp. 107-119). Lo que sucede en el campo de la educación sucede frecuentemente también en el cristianismo en general, en la actual cultura de la imagen y del simulacro —especialmente de la industria publicitaria al servicio del neocolonialismo neoliberal, que invade la vida privada, domina y esclaviza sicológica y económicamente a sus potenciales consumidores—, y en el sistema penal occidental que procura la represión

intérprete del texto sagrado, sea esforzarse por desvincular la verdad de cualquier mecanismo de poder "perverso" que atente contra su poder trasnformador.[40]

Implicaciones para la interpretación de la verdad del texto bíblico

Sobre la hermenéutica bíblica contemporánea pesan por lo menos tres grandes desafíos. El primero es que a la hora de interpretar y comunicar la verdad del texto sagrado el intérprete ha de estar consciente que tanto su conocimiento como su lenguaje (y el del texto) están condicionados.[41] Así contribuirá a la concientización sobre la naturaleza auténtica del sujeto del saber (el intérprete del texto): el resultado de un inacabado proceso de suma y unión de subjetividades, que inicia con el nacimiento y termina solo con la

---

objetivante en vez de la "normalización" del individuo; ver Lot (2002, pp. 101-110; Foucault (1992, pp. 178-193).

[40] De este modo, esta responsabilidad no será solo del intelectual "específico" como propone Foucault (1992, pp. 78-88, 105-112, 186-193 cp. Touraine, 1994, pp. 354-358). Foucault sostiene que el papel del intelectual "específico" (por oposición al "universal", que se dedicaba a guiar intelectualmente a las masas, sin compromiso con la praxis) o, según Touraine, del de "abajo" (por oposición al de "arriba", que se dedicaba a hablar solo del sentido de la historia y seducido por el poder) ya no es el de simplemente dar consejos o ser la conciencia moral; su papel es tener una participación activa, una conciencia concreta de luchas y un conocimiento amplio del presente que le permita discernir dónde están las líneas de fragilidad y los puntos fuertes a los que se han aferrado los poderes. Foucault arguye aquí que este esfuerzo debe tener como fin no solo hacer un croquis geográfico de la batalla y dar instrumentos de análisis y tácticas a las masas, sino también poner el descubierto esos mecanismos o cualquier forma de saber encubridora y luchar por romper los hilos de esa enmarañada red dentro de la cual incluso está él preso, a fin de que cada individuo sea capaz de ser actor de su propia vida.

[41] Aunque defiendo la semántica realista —según la cual las palabras (signos) designan (sentido) directa, indirecta u objetivamente las realidades de las cosas (referencia)—, considero que, por este condicionamiento, el lenguaje humano carece de precisión absoluta a la hora de definir, por ejemplo, las verdades teológicas. De ahí que la comunicación de estas verdades será siempre limitada y diferente de un conocimiento a otro, o de un intérprete a otro. Pero esta diferenciación es arriesgada, mucho más si continuamos con una interpretación privada; ver el capítulo tres de esta misma obra.

muerte.⁴² Por eso, ha de recordar que su tarea es siempre interpretar el texto dentro del devenir de la realidad histórica, en la cual continuamente están mediando y fusionándose el pasado (el horizonte de vida asumido por el texto, o el que subyace detrás de su producción) y el presente (el horizonte de vida propio, desde el cual se comprende y contextualiza el texto).

A la luz de lo anterior, el segundo desafío es que el intérprete no debiera pretender trasladar al proceso de interpretación la certeza o lógica propia de las matemáticas y otros saberes empíricos. Así, a la hora de discernir la verdad del texto debiera esforzarse por no identificarla solamente con categorías objetivistas ni percibirla como si su naturaleza hubiera sido construida con base solo a esas categorías propias del cientificismo empírico, pero incongruentes con la naturaleza del conocimiento humano y el modo cómo este funciona y construye la verdad. Al contrario, entendiendo que la verdad es construida intersubjetivamente y desde un contexto del cual no podemos escapar quienes la construimos, debiera percibirla a la luz del concepto realista de verdad en su doble dimensión: como correspondencia, pero también como asentimiento.

El último desafío es que el intérprete debe estar consciente que la racionalidad científica, uno de los paradigmas de la modernidad, posee limitaciones de conocimiento, pese a haber contribuido sustancialmente en la búsqueda del saber.⁴³ Ella es incapaz de aprehender la verdad, incluso teológica, con certeza absoluta y neutralidad y sin posibilidad de error; además, es incapaz de impedir

---

⁴² Así, se daría otra desmitificación de la noción moderna cartesiana del sujeto, pues él ya no sería percibido como un "espejo" cognitivo, que refleja la realidad tal cual es; ni como algo ya listo y acabado, que tiene la misión de aprehender a *posteriori* y totalmente el mundo; ni, finalmente, como algo que puede ser reducido a pura razón centrada en sí misma, transparente e idéntica en todos los sujetos y en todas partes del mundo; véase Sotolongo Codina y Delgado Díaz (2006, pp. 52-53).

⁴³ Piénsese cómo la ciencia y la tecnología han contribuido al desarrollo, por ejemplo, de la cultura y de la medicina, pese al precio social y ético alto que por este desarrollo se pueda estar pagando con la destrucción de la humanidad y del ecosistema y con el intento de clonación humana. Según algunos autores, este precio tiende a ser legitimado mediante la racionalidad "totalizante", una serie de metarrelatos míticos subyacentes en el inconsciente colectivo; Chomsky (2004); Hughes (2003).

Capítulo 7: Verdad y racionalidad

que el intérprete abuse hermenéuticamente del texto.[44] Sin embargo, de nuevo, no se debiera pensar que verdad parcial es necesariamente conocimiento falso, o semejante al posmoderno: relativista y nihilista.

Así, pues, la perspectiva realista de verdad se iría depurando de las influencias filosóficas modernas o posmodernas que la han desvirtuado. El resultado final sería una nueva figura epistemológica que no es sino la nueva racionalidad hermenéutica analógica, erguida entre la objetivista-univocista moderna y la subjetivista-equivocista posmoderna extremas en boga hoy, y caracterizada por ser equilibrada, holística y sensata epistemológicamente hablando. Provee un nuevo modo de entender el texto y su verdad, menos cerrado o abierto,[45] pero sí inteligente y capaz de dialogar críticamente con otras racionalidades relegadas por temor al subjetivismo.

Hemos visto ya sobre la racionalidad hermenéutica analógica, pero valdría finalmente subrayar sus aspectos que consideramos centrales, esperando no ser tan reiterativos. En la filosofía escolástica medieval, y en su sentido usual, el concepto "analogía" equivale no a igualdad ni a identidad, sino a semejanza entre dos o más cosas. Siendo que la semejanza conlleva la idea no solo de conveniencia entre las cosas, sino también de disparidad, dos o más cosas son análogas porque coinciden en ciertos aspectos y discrepan en otros. De igual modo, la racionalidad hermenéutica analógica ha de guardar dentro de sí esta misma tensión. Se asemejará a la posepistemológica de talante equivocista y a la positivista de talante univocista, pero también se distanciará de ellas y las superará al buscar situarse en un punto intermedio entre el equivocismo y el univocismo.[46]

---

[44] Recuérdese aquí su incapacidad también de librar al ser humano por medio de la razón y la destrucción de las creencias cristianas y de la moral; cp. Touraine (1994, pp. 251-253).

[45] Cerrado porque considere que hay un solo modo de entender el texto y su mensaje, y abierto porque considere ingenuamente lo contrario: que todo entendimiento y mensaje de ese texto es posible y válido.

[46] Que en este equilibrio tensional la analogía se incline un poco más al equivocismo no quiere decir que en ella no predomine la diferencia ni que se disperse relativistamente en el equivocismo hermenéutico. Como en seguida lo enfatizaremos, lo análogo tiene un margen de variabilidad significativa; y es este margen que le impide reducirse a lo unívoco y dispersarse en lo equívoco.

La analogía también guarda dentro de sí la idea, por decirlo así, de "límite". Esta idea es marcada por algo que permite a la racionalidad analógica situarse en el punto intermedio anterior: el uso inteligente de lo mejor de la racionalidad hermenéutica equivocista y univocista. De este modo, la racionalidad hermenéutica analógica bíblica no solo descentralizará la racionalidad instrumental moderna, sino que al mismo tiempo se guardará de dispersarse tanto en la falacia de una interpretación objetivista como en el relativismo camino al nihilismo nietzscheano sintetizado en el célebre dictado: "No hay hechos, sino solo interpretaciones". Nuestra racionalidad hermenéutica, entonces, no se dispersará ni en el escepticismo irracionalista, relativista y nihilista, ni en el pluralismo interpretativo diferenciado, que opera con base al presupuesto que todas las interpretaciones son válidas. Esto es porque su naturaleza analógica le impide quedarse, por un lado, en una interpretación como "la" válida y, por el otro, en todas como válidas y complementarias.

Esta nueva figura superaría o, mejor, sustituiría a la clásica moderna y a la contemporánea. Como ya se vio, según la primera, para la obtención del saber verdadero es necesaria una relación "diádica" entre el sujeto (el intérprete) y objeto (el texto), en la cual se hace hincapié sobre todo en el objeto (el texto), y en la segunda no pareciera haber diálogo "diádico" alguno, pues el énfasis está casi totalmente en el sujeto (el intérprete). En la nueva figura, en cambio, la relación es "triádica", ya entra en función un tercer elemento, la conciencia histórica (experiencia cotidiana prerreflexiva), que pone en diálogo al objeto con el sujeto, pero también, según nosotros, con el autor del texto. Es esta relación la que nos concientiza hermenéuticamente que toda verdad es contextual, pero a la vez, en el proceso de búsqueda del conocimiento del texto, nos impide privilegiar desmedidamente al sujeto (el intérprete).

Así nos ayuda a mantener el equilibrio tensional propio de la analogía en una racionalidad hermenéutica analógica. Esta racionalidad contribuirá no solo a un cambio frente a las nociones moderna y posmoderna de verdad, sino también a un redimensionamiento del objeto (pues se llega a comprender que solo puede ser construido y tramado intersubjetivamente en el lenguaje y el discurso) y a una mutua contextualización de ambos sujeto y objeto desde la historia efectual (Sotolongo Codina y Delgado Díaz, 2006, pp. 53-55).

Una hermenéutica/exégesis analógica de un texto bíblico nos podrá ilustrar lo mejor de la racionalidad hermenéutica que hemos planteado en toda la obra. Es el desafío en camino.

EPÍLOGO

En términos generales, nuestra obra ha reflexionado sobre el fenómeno de la comprensión hermenéutica analógica bíblica, dentro de un contexto de primacía evidente del equivocismo posmoderno sobre el unívoco moderno prepotente; es claro que muchos aspectos teóricos se habrán quedado en el tintero; y los abordados están todavía en desarrollo e incluso en espera de una aplicación al discurso y verdad teológica del texto sagrado, que permita se vaya consolidando nuestra nueva racionalidad hermenéutica analógica bíblica.[1] En este sentido, nuestro planeamiento hermenéutico general se inscribe, crítica y analógicamente, en la discusión generada por el concepto de método de la ciencia moderna; habría que tener presente que la hermenéutica moderna occidental bíblica de todos los tiempos —aun siendo parte y parcela de las ciencias del espíritu o humanísticas— ha sometido al texto a diversos métodos hermenéuticos pragmáticos, pero que quizás pocas veces ha reflexionado sobre aspectos hermenéuticos filosóficos. Como herederos de este interés metódico-científico, uno de los campos que particularmente a nosotros nos ha interesado desde hace algunos años atrás es el hermenéutico narrativo. La racionalidad hermenéutica analógica bíblica ha empezado a explorar, sensata, humilde y críticamente, la aplicabilidad de esa racionalidad al género literario predominante de la Biblia, el narrativo. Y desea continuar haciéndolo. Por eso, al mismo tiempo, es conveniente continuar explorando la naturaleza sumatoria de tal género: el literario-artístico-representacional; obviamente, esta tarea ha de llevarse a cabo con base a una hermenéutica de fe y conforme a los criterios occidentales de la experiencia del arte especialmente visual —pintura, texto representacional por excelencia— que nos han precedido y que sabemos no pueden verificarse con los métodos que dispone la ciencia moderna todavía presentes en la cultura contemporánea. En lo que sigue, es lo que nos disponemos a explorar con la brevedad que corresponde a un epílogo.[2] Valga advertir que no pretendemos elaborar narratología poética alguna; es decir, no pretendemos explorar el universo poético artístico, lingüístico y

---

[1] Pero esto va en camino, lentamente y con seguridad, como ya lo hemos declarado un poco antes.

[2] El lector puede consultar una discusión más detallada, descriptiva y documentada, en Reyes (2015).

Epílogo

semiótico de la narración que nos dé un vistazo satisfactorio de la manera cómo este género narra lo que narra y cómo despliega su verdad hermenéutica ontológica.[3]

Pero conviene primero esclarecer un posible equívoco al hablarse sobre la naturaleza representacional de la narración sagrada: entender con ello que se está hablando de una narración que es literatura ficticia y que, por lo tanto, no se refiere en nada a la realidad histórica fuera de la verdad del texto.[4] Al contrario, pese al mucho debate deconstructivo existente, nuestra convicción es que en esta narración habla de esta realidad porque en ella se da un ensamblaje magistralmente analógico de dos de sus componentes esenciales: el histórico referencial-historiográfico y el literario artístico;[5] esto es equilibradamente y en tensión, sin que el uno predomine sobre y contra el otro. No es procedente, pues, verla como obra histórica científica documentada al estilo moderno, ni como artística pura autónoma y ficticia, ni meramente descriptiva, ni meramente preceptiva; su fin primario es teológico ilocucionario y perlocucionario, aunque sin imponer, ya que enseña o habla indirectamente.[6]

No importando cuándo y cómo se habría originado y transmitido, la narración bíblica siempre estuvo, está y estará en la forma de una comunicación literaria escrita; pero, sobre todo, en la forma de un relato literario que narra artísticamente hechos pasados

---

[3] Por conveniencia usamos aquí la noción de "verdad hermenéutica ontológica" como sinónimo de "mundo del texto" designación propia para el contenido teológico del texto narrativo sagrado.

[4] Es lo que la erudición crítica piensa, por ejemplo, y desde un punto de vista histórico, de los dos libros de Crónicas, ya que su autor/editor/compilador (que escogió no identificarse) vivió en un tiempo algo distante de los eventos que narraba. Pero incluso una obra visual como la pintura, siendo un texto abstracto y estático, su lenguaje contiene un espectro referencial al igual que el texto verbal, aunque difiere de este.

[5] Con la expresión "literario artístico" nos referimos al artificio literario de la narración bíblica. Alter (1981), en cambio, alude a ese artificio literario, pero llama a la narración bíblica "historia ficticia" o "ficción historizada". Sin embargo, aplicar esta categoría de ficción a la narración bíblica es engañoso. Por eso, Long (1994, p. 66) propone usar mejor el adjetivo "artístico" en lugar de "ficticio" cuando uno se refiere a tal artificio.

[6] Ver este fin, en Reyes (2015, pp. 237-246).

no literales ni crudos, sino interpretados de la historia de la salvación.[7] Esta es la razón fundamental por la que a la narración bíblica se le debe reconocer su naturaleza interpretativa de los eventos del pasado, en lugar de sospechar de su valor como fuente de historia (cp. Longman y Dillard, 2007, p. 236). Y esta es la razón para reconocérsele también su naturaleza representacional, pues, al igual que cualquier otro historiador, el bíblico no habría reproducido fríamente esos hechos; al contrario, lo habría hecho con pasión y creatividad literaria, es decir, contribuyendo de su propia cosecha y desde su punto de vista teológico y literario. Este es un tema complicado y delicado;[8] pero, como observa Long (1994, p. 69), aunque habría que estudiarse cuidadosamente la naturaleza y extensión de esa contribución, pocos podríamos negarla. Es que para reconstruir el pasado, de un modo análogo a un pintor, él historiador bíblico habría optado por una metodología estética de composición que incluyera por lo menos lo siguiente; primero, las evidencias pertinentes (fuentes) a su disposición a las que habría evaluado, a fin de en entenderlas, obtener su propia perspectiva del pasado y transponerla por escrito para que otros pudieran acceder a ella;[9] segundo, al evaluarlas, habría determinado qué detalles incluir y desechar; tercero, el enfoque que habría de darse del pasado; y, cuarto, el modo cómo se habría de componer la obra. Esta es la razón por qué los narradores/editores bíblicos habrían tenido libertad en el manejo de las diversas tradiciones, fuentes o diferentes versiones de un mismo hecho histórico a su disposición para producir una joya

---

[7] Esta manera de ver la narración bíblica no significa que no sea importante o normal su aspecto diacrónico-histórico como, por ejemplo, sus orígenes y análisis de las fuentes y de su redacción, transmisión y hasta quizás ratificación de su estatus de revelación divina; los dos libros de Crónicas ilustran bien que los narradores bíblicos usaron una amplia gama de fuentes tanto bíblicas (Samuel-Reyes, por ejemplo) como extrabíblicas. Ayuda a tener presente que los análisis literarios se basan en la forma canónica final del texto. Algo de este trabajo editorial mencionaremos en seguida desde un punto de vista literario.

[8] Dejamos a un lado aquí las discusiones filosófico-ontológicas sobre este método del historiador bíblico con su narración que, como veremos un poco más adelante, desemboca en una narración representacional mimética; el lector interesado en esta discusión, puede consultar Gadamer (2007, pp. 154-166.).

[9] Más adelante veremos que los relatos de Samuel-Reyes y Crónicas ilustran este trabajo editorial.

Epílogo

literaria referencial y representacional.[10]   Pero, ¿cuáles son las técnicas que, análogamente a un pintor, el narrador/editor bíblico habría usado para representar lo que deseó representar en su narración?

Con base al aporte de uno de los análisis más iluminadores sobre pintura —el de E. H. Gombrich—, (1994, p. 15) observa que

> Nuestra percepción de aquello que vemos no se basa en absolutos, sino en relaciones. No existe un tamaño correcto [estándar] para pintar un cuadro de una casa o de una flor. El tamaño dependerá de lo que se desee incluir en ese cuadro y del lugar donde esa casa o flor se las quiera ubicar. Tampoco existe un tono verde absoluto [estándar] para el color del pasto. Su tono dependerá del contraste que se quiera hacer con otros colores de su alrededor, de los efectos de iluminación que se deseen producir, etc. El tamaño y el color de los objetos que se quieren representar son relativos. Cuando los objetos son representados exitosamente no es porque coincidan con el tamaño y el color del modelo original, es decir, el de la vida real, sino porque representan con precisión ciertas relaciones. Estas relaciones, entonces, vienen a ser pistas para interpretar lo que vemos en una pintura.

Berlín nos permite apreciar las técnicas composicionales y estilísticas por las cuales un pintor optaría, a fin de representar el

---

[10] Podríamos objetar especulación en esta metodología de composición. Pero no se podría negar el trabajo editorial realista por parte de quienes —los historiadores/narradores/editores— se sitúan frente al relato como instancia digna de fiabilidad absoluta, ubicados a cierta distancia después de los hechos y registrando con la guía del Espíritu solo aquello que habrían considerado más relevante a sus intereses teológicos; ver Ska y otros (2001); Long (1994, p. 7). Así, creemos nosotros, dos cosas importantes debemos tenerlas en cuenta; por un lado, que alguna preocupación por la extensión de la creatividad y libertad del narrador/editor bíblico baja de nivel, pues una cosa es especular a favor de añadiduras contradictorias, fuentes y autorías tardías múltiples en la narración bíblica, pero otra es argumentar una perspectiva editorial realista; y, por otro lado, esta manera de ver el trabajo editorial con la guía del Espíritu responde a determinadas epistemologías agnósticas que intentan hoy demoler o poner en crisis la fe tradicional e informada —sobre los avances de las ciencias bíblicas— de la iglesia sobre la inspiración y su concepto de la misma. De ahí, una vez más, la necesidad de trabajar estos asuntos con base a una hermenéutica de fe.

objeto (casa, paisaje, etc.) que quiere representar; ella, además, nos provee algunas pistas que podrían contribuir a ver cómo ese método de establecer relaciones en una pintura es posible análogamente en la narración bíblica, siendo que esta es propensa de tales relaciones en diversas maneras (Berlín, 1994, p. 136).

Una manera es la que nos sugiere Long (1994, pp. 76-87).[11] Según él, debido a que el Cronista omite, pero incluye determinados hechos del pasado de Israel, la presentación que él hace de ese pasado difiere de aquella de Samuel-Reyes[12] y es más semejante a una pintura que a una fotografía, por razón del talento creativo que despliega en tanto permanece fiel a los hechos; a fin de ilustrarlo, Long (1994, pp. 78-79) usa la narrativa de la monarquía y, comparándola con la versión de Samuel, arguye que la diferencia entre ambas está en el modo cómo habrían sido configuradas y compuestas, y cómo se relata un mismo evento:

> Por ejemplo, podríamos comparar los dos relatos, tocante a la promesa que Dios hace a David de una dinastía en 2 Samuel 7 y 1 Crónicas 17. Que "hay una clara relación literaria entre ambos" es algo que no se discute. Pero cuando se los compara se descubre que existen en ellos diferencias… divergencias — unas más significantes que otras.

Seguidamente, Long (1994, p. 79) analiza las diferencias y divergencias que él considera más significantes; luego afirma que algunas podrían deberse a la libertad con que el Cronista parafrasea los relatos, pues ese es el estilo que se puede observar en toda su obra. De acuerdo con él, un ejemplo es cuando en el versículo 4 de 1 Cr 17 el Cronista escribe: "…No serás tú quien me construya una casa…";

---

[11] Ver otras en Berlín (1994, pp. 16-18). La versión bíblica que usaremos a continuación es la Nueva Versión Internacional (NVI).

[12] Pero no la contradice. Para que así fuese, ambas narraciones, y las que señalaremos, se tendrían que leer como si fuesen transposiciones verbales y literales de los eventos, y así pasar por alto su naturaleza representacional y el interés teológico de sus narradores/editores. No es por casualidad que la racionalidad hermenéutica poético-narrativa supere en mucho a las racionalidades hermenéuticas que ven contradicciones y cosas por el estilo en la narración sagrada; Sánchez Cetina (1996, pp. 25-7); Berlín (1994, pp. 111-14); Long (1994, pp. 201-223), quien explica convincentemente las aparentes contradicciones en 1 Samuel.

pero en el versículo 5 de 2 S 7 esta negación es hecha vía pregunta retórica: "… ¿Serás tú acaso quien me construya una casa…?"

Hay otras diferencias más entre ambos relatos que requerirían de un análisis también cuidadoso. Una de ellas es esa omisión que en 1Cr 17:13 el Cronista hace tocante a la advertencia al descendiente real, registrada en 2S 7:14b; otra es el cambio que de 2 S 7:16 él hace del pronombre posesivo en segunda persona del singular "tu casa" y "tu reino" a la primera persona del singular "mi casa" y "mi reino" en 1 Cr 17:14b. Long (1994, p. 82) considera que una explicación razonable de estas y otras diferencias requiere tenerse presente primero que la intención del Cronista con su obra es presentar

> un *segundo* cuadro del relato de la monarquía de Israel, no un sobrecuadro de Samuel-Reyes. Hoy es ampliamente aceptado que el Cronista y su audiencia conocían el material de Samuel-Reyes y que el intento suyo fue rehacer y complementar, no reprimir o suplantar, el relato más antiguo [Samuel-Reyes, obras de los tiempos del cautiverio babilónico]. Así, él se habría sentido libre, por ejemplo, y sin remordimiento histórico alguno, para omitir la advertencia de 2 Samuel 7:14, al considerarla de poco interés al propósito particular de su obra. Al fin y al cabo, los que habían experimentado el cautiverio babilónico y podían ver retrospectivamente la historia vivida durante la época en que la monarquía se dividió no necesitaban recordárseles que "la desobediencia acarrea azotes de los hombres". Además, a la luz de su propósito general, el Cronista habría deseado subrayar la obediencia de Salomón, no su desobediencia.[13] (Énfasis suyo)

Pero, ¿cuál es el propósito general del Cronista? Long (1994, pp. 82-86 cp. Longman y Dillard, 2007, p. 237) considera que responder adecuadamente a esta pregunta exige, por lo menos, tener

---

[13] Pero el interés del Cronista era también presentar una imagen positiva, es decir, gloriosa, obediente, triunfadora que disfruta de la bendición divina y del apoyo de toda la nación (cp. Longman y Dillard, 2007, p. 239). Esto es porque su tendencia ideológica habría sido también presentar la historia de Israel desde una perspectiva determinada (¿teocrática?), que es parte y parcela de su modo artístico de representar esa historia y es fundamental a su propósito general. Esta tendencia ideológica es contraria a la de Samuel-Reyes que subraya la desobediencia de los reyes de Israel y Judá.

presente la audiencia implícita (narratoria) a la que se dirigía su obra y de la cual el Cronista asume ese conocimiento de la versión de Samuel y así de la promesa davídica.[14] A la luz de 2Cr 36:22-23, y de las genealogías de 1Cr 3, él sostiene que esta audiencia habría sido el remanente de Judá de regreso a Jerusalén, debatiéndose en la incertidumbre en cuanto al cumplimiento de las promesas antiguas de Dios y de su futuro como nación.[15] De ahí que respecto a la promesa de David, continúa Long (1994, p. 83), el Cronista procure confirmársela, trayendo con ello más luz lo que pudo haberse percibido pálidamente en el relato de Samuel; en otras palabras, el Cronista procura explicitar desde su punto de vista teológico aquello apenas implícito en 2 S 7. Según Long (1994, p. 84),

> Esta práctica de hacer lo implícito explícito quizás sea la que mejor explique la alteración de los pronombres posesivos en el versículo 14 por parte del Cronista. En el tiempo en que él compone su obra, no existía un reino Davídico como tal, sino el reino de Dios el que, por supuesto, es eterno. Por esta razón, "tu casa y tu reino durarán para siempre delante de mí" de 2 Samuel 7:16 es cambiado a "lo estableceré en mi casa y en mi reino, y su trono será firme y para siempre" [1Cr 17:14]. Así, al subrayar la naturaleza teocrática del trono de David [ver 1Cr 28:5; 29:11, 23], el Cronista no hace sino explicitar lo implícito en la promesa de 2 Samuel 7:14: "Yo seré su padre, y él será mi hijo".

El modo cómo el cronista presenta y representa artísticamente los hechos del pasado de Israel permite percibir dos cosas

---

[14] Este es un conocimiento que obviamente el historiador tendría que sería decisivo para su presentación y representación interpretativa y didáctica de la promesa davídica, pues eso le permitiría hacerlo creativamente.

[15] "La comunidad de la restauración", aportan Longman y Dillard (2007, p. 237), "no se pregunta 'cómo nos pudo suceder esto [el exilio], sino más bien hace preguntas acerca de su relación con su pasado: 'En el juicio del exilio ¿había Dios dado por terminado su pacto con Israel?' '¿Somos todavía el pueblo de Dios?' '¿Sigue Dios interesado en nosotros?' '¿Qué tienen que ver las promesas de Dios a Israel, Jerusalén y David antes del exilio con nosotros que vivimos después?'". De este modo, continúan estos autores (misma obra y página), el Cronista preparará otra historia más de la nación que se refiere a un conjunto diferente de preguntas que las que influyeron en Reyes, cuyo autor habría vivido muy al principio del período posexílico.

Epílogo

importantes. La primera, que su propósito es teológico *perlocucionario* pastoral: reafirmar la vigencia del pacto y, por ende, del cuidado de Dios en las actuales circunstancias de su pueblo; este propósito del Cronista permite confirmar que su postura de autor/narrador/editor de su obra posexílica no es contradecir el punto de vista teológico de Samuel-Reyes; este propósito es presentar otro complementario,[16] como lo ha demostrado su modo de representar y presentar la promesa davídica y la historia de Israel en general.

Una segunda cosa es que el modo de presentar y representar artísticamente la promesa davídica y la historia de Israel en general permite también percibir el modo cómo el narrador bíblico construye (relata) su representación, permitiéndonos así verla como *arte verbal representacional mimético*. Esto es porque, resumiéndolo, relata los eventos con la creatividad que caracteriza a un pintor competente: estableciendo juego de relaciones, mediante el uso de una amplia libertad para, por ejemplo, parafrasear/simplificar y hacer decisiones composicionales y estilísticas, desde una postura de autor determinada, explícita o implícita; por eso, el historiador/narrador/editor construye su representación sin literalidad ni exactitud alguna en cuanto a detalles y especificaciones, pero sí con referencialidad y realismo; no se preocupa por transcribir de un modo exacto y preciso los hechos, sino hacer ver la conexión de ellos con el plan redentor de Dios. Por tal razón, sería conveniente tener presente lo que Berlín (1994, pp. 14, 139) nos recuerda: las representaciones miméticas artísticas nunca corresponden en cada detalle a la realidad que representan, es decir, nunca son réplicas exactas. Sin embargo, de acuerdo con Gadamer (2007, pp. 157-158 cp. p. 159), quien en su discusión sobre el proceso ontológico de la representación, afirma que el concepto de la imitación o mímesis solo alcanza a describir el juego del arte, si se tiene presente el sentido cognitivo que existe en la mímesis; lo representado está ahí y esta es la relación mímica original. El que mimetiza algo, hace que aparezca lo que él conoce y tal como

---

[16] Esto es importante, ya que un recurso artístico representacional que podría percibirse en Samuel-Reyes —y en cualquier otra narración bíblica, incluyendo la del Cronista— es narrar y describir sin mayores detalles un evento o una persona; así, la narración solamente sugiere lo que no dice (representa) ni describe (muestra). Esto permite al intérprete participar en el acto y proceso hermenéutico de interpretación.

lo conoce: la referencia a todo aquel para quien pueda darse la representación.

BIBLIOGRAFÍA

Altaner, B. (1962). *Patrología*. (E. Cuevas y U. Domínguez-del Val, trads.). Madrid, España: Espasa-Calpe, S.A.

Alter, R. (1981). *The Art of Biblical Narrative*. New York, USA: Basic Books, Inc., Publishers.

Althaus-Reid, M. (2005). *La teología indecente: Perversiones teológicas en sexo, género y política*. Barcelona, España: Ediciones Bellaterra.

Andiñach, P. R. (2012). *Introducción hermenéutica al Antiguo Testamento*. Navarra, España: Verbo Divino.

Arias, M. (1998). *Anunciando el Reinado de Dios*. San José, Costa Rica: Visión Mundial.

Artigas, M. (1995). "La naturaleza de la verdad parcial". En R. Martínez (ed.), *La verità scientifica* (pp. 101-111). Roma, Italia: Armando Editore. Recuperado el 4 de mayo del 2009, de http://www.unav.es/cryf/lanaturalezaverdadparcial.html.

Ávila, M. (2006). Conflictividad y poder: Una lectura de la *Microfísica del poder* de Michel Foucault. Recuperado el 20 de abril del 2009 de http://www.bdigital.uncu.edu.ar/objetos_digitales/544/Avila_conflictividadypoder.pdf.

Ayán, J.J. (Trad. y notas) (2000). *Padres Apostólicos*. Madrid, España: Editorial Ciudad Nueva.

Barrios Tao, H. (2007). "Racionalidades emergentes y texto bíblico; hacia nuevas sendas en la interpretación". *Theologica Xaveriana* 57, 371-498.

Barthes, R. (2006). La muerte del autor. Recuperado el 16 de septiembre del 2014, de http://www.cubaliteraria.cu/revista/laletradelescriba/n51/articulo-4.html.

Barton, J. (2001). (Ed). *La interpretación bíblica, hoy*. (J.P. Tosaus Abadía, trad.). Santander, España: Salterrae.

Bedford, N. E. (2008). *La porfía de la resurrección: Ensayos desde el feminismo teológico latinoamericano.* Buenos Aires, Argentina: Kairós.

Berlín, A. (1994). *Poetics and Interpretation of Biblical Narrative.* Winona Lake, Indiana, EE. UU.: Eisenbrauns.

Beuchot, M. (1996). *Posmodernidad, Hermenéutica y analogía.* México, D.F.: Universidad Intercontinental.

Beuchot, M. (1997). Hermenéutica y metafísica. En J. R. Sanabria y M. Beuchot (eds.), *Algunas perspectivas de la filosofía actual en México* (pp.13-23). México, D.F.: Universidad Iberoamericana.

Beuchot, M. (1997b). Vindicación del pensamiento analógico. En J. R. Sanabria y José Ma. Mardones (comps.), *¿Tiene la analogía alguna función en el pensar filosófico?* (pp. 143-179). México, D.F.: Universidad Iberoamericana.

Beuchot, M. (2005a). *Perfiles esenciales de la hermenéutica.* México, D.F.: Universidad Nacional Autónoma de México.

Beuchot, M. (2005b). *Historia de la filosofía del lenguaje.* México, D.F.: Fondo de Cultura Económica

Beuchot, M. (2000). *Tratado de hermenéutica analógica: Hacia un nuevo modelo de interpretación.* México, D.F.: Editorial Itaca.

Beuchot, M. (2007). *Compendio de hermenéutica analógica.* México, D.F: Editorial Torres Asociados.

Beuchot, M. (2010). Actualidad de la tradición filosófica medieval. El caso de la doctrina de la analogía. En Idelfonso Murillo (ed.), *Actualidad de la tradición filosófica.* Madrid, España: Diálogo Filosófico/Publicaciones Claretianas.

Beuchot, M. (2012). *Hermenéutica analógica y sociedad.* México: Asociación Mexicana de Promoción y Cultura Social.

Beuchot, M. (2015). *Hermenéutica, analogía y dialéctica.* México, D. F.: Démeter Ediciones.

Beuchot, M. (2015b). *Paradigmas de hermenéutica e iconocidad.* México, D. F.: Universidad Nacional Autónoma de México.

Beuchot, M. (2016). Algunas precisiones filosóficas. *Analogía Filosófica* 1, 3-16.

Caballero Cuesta, J.M. (1994). *Hermenéutica y Biblia*. Estella, Navarra, España: Verbo Divino.

Campos, B. (2008). El post-pentecostalismo, renovación del liderazgo y hermenéutica del Espíritu. Recuperado el 5 de agosto del 2014, de https://ar.groups.yahoo.com/neo/groups/compartimosmusica/conversations/topics/349?var=1.

Campos, H.C. (1997). O pluralismo do Pós-modernismo. *Fides Reformata* 2/1. Recuperado el 28 de marzo del 2009, de http://www.mackenzie.br/fileadmin/Mantebedora/CPAJ/revista/volume_II__1997_1/o_pluralismo.pdf.

Casale Rolle, C. (2007). Algunos elementos de la recepción de la hermenéutica agustiniana en Gadamer. Pistas para pensar la aspiración de universalidad del lenguaje teológico. *Veritas* 2/17, 333-366.

Croatto, J.S. (1984). *Hermenéutica bíblica*. Buenos Aires, Argentina: La Aurora.

Chaves Tesser, C. (1999). Introducción: El debate teórico actual. En José Luis Gómez-Martínez, *Más allá de la pos-modernidad: El discurso antrópico y su praxis en la cultura iberoamericana* (pp. 9-10). Madrid, España: Mileto.

Chialva, U. (2007). Principales corrientes hermenéuticas. Recuperado el 10 de julio del 2014, de http://www.monografias.com/trabajos55/corrientes-hermeneuticas/corrienteshermeneuticas2.shtml.

Chomsky, N. (2004). *Hegemonía o supervivencia: Las estrategias imperialistas de Estados Unidos*. Barcelona, España: Ediciones B.

De Wit, H. (2002). *En la dispersión el texto es patria*. San José, Costa Rica: Universidad Bíblica Latinoamericana.

Derrida, J. (1968). *La diferencia* / [*Différance*]. Edición electrónica de la Escuela de Filosofía de la Universidad ARCIS, recuperada el 7 de mayo del 2011, de: www.filosophia.cl.

Descartes, R. (1998). *Discurso del método.* (F. Romero, trad.). Buenos Aires, Argentina: LOSADA, S. A.

Díaz, E. (2001). La construcción del objeto de estudio de la investigación. *Logoi* 5. Recuperado el 15 de abril del 2009, de http://www.estherdiaz.com.ar/textos/investigación.htm.

Elorza, E. A. y otros (s.f.). La articulación de las nociones de verdad y poder en la producción de Michel Foucault entre 1970 y 1984 y su posible instrumentación en las prácticas profesionales de las ciencias sociales. Recuperado el 21 de abril del 2009 de http://www.unlz.edu.ar/biblioteca/PDF/elorza.PDF.

Estenssoro, F. (2006). El concepto de ideología. *Revista de Filosofía* 15, 97-111.

Eco, H. (1984). *The role of The Reader: Exploration in the Semiotic of Texts.* Bloomington, Indiana, EE. UU: Indiana University Press.

Fazer Padilla, C. (2010). *La palabra de Dios para el pueblo de Dios: Una introducción al estudio de la Biblia.* Buenos Aires, Argentina: Kairós.

Flores Quelopana, G. (2007). Ideología, hermenéutica y nominalismo pragmático nihilista. Recuperado el 9 de julio del 2014, de http://www.librosperuanos.com/autores/articulo/00000000488/Ideologia-hermeneutica-ynominalismo-pragmatico-nihilis.

Foucault, M. (1992). *Microfísica del poder.* (J. Varela y F. Álvarez-Urías, trads.). Madrid, España: Ediciones la Piqueta.

Foucault, M. (2001). *La verdad y las formas jurídicas.* (E. Lynch, trad.). Barcelona, España: Gedisa.

Gadamer, H.G. (1999). *Verdade e método.* (F. P. Meurer, trad.). Petrópolis, R.J., Brasil: Vozes.

Gadamer, H.G. (2007). *Verdad y método.* (A. Agud Aparicio y R. de Agapito, trads.). Salamanca, España: Sígueme.

Gadamer, H. G. (2003). *O problema da consciência histórica*. (P. C. Duque Estrada, trad.). Rio de Janeiro, RJ, Brasil: Editora FGV.

Galicia Pérez, N. (s.f.). Las relaciones de poder em el aula: Género y pedagogía. Recuperado el 13 de marzo del 2009, de http://www.fyl.uva.es/~wfilosof/textosense%Flanza/foucault.doc.

Gambra, J. M. (2002). *La analogía en general: Síntesis tomista de Santiago Ramírez*. Navarra, España: Ediciones Universidad de Navarra.

García González, D. E. (2001). *Hermenéutica analógica, política y cultura*. México, D. F.: Ducere.

Gómez-Martínez, J. L. (1999). *Más allá de la pos-modernidad: El discurso antrópico y su praxis en la cultura iberoamericana*. Madrid, España: Mileto Ediciones.

González Serrano, C.J. (2014). Historicidad, comprensión, hermenéutica. Heidegger, Hegel y el problema del tiempo. Recuperado el 15 de agosto del 2014, de http://www.apuntesdelechuza.wordpress.com/2014/07/11/historicidad-comprension-yhermeneutica- heidegger-hegel-y-el-prob.

Gorringe, T. (2001). Lecturas políticas de la Escritura. En John Barton (Ed.), *La interpretación bíblica, hoy* (pp. 89-104). (J.P. Tosaus Abadía, trad.). Santander, España: Salterrae.

Gottwald, N. K. (1979). *Las tribus de Yahveh: Una sociología de la religión del Israel liberado 1.25-1.050 a. C.* (Alicia Winters, trad.). Maryknoll, NY, EE. UU: Orbis Book.

Grondin, J. (2008). *¿Qué es la hermenéutica?* (A.Martínez Riu, trad.). Barcelona, España: Herder.

Hughes, R. T. (2003). *Myths America Lives By*. Chicago, Illinois, EE.UU: University of Illinois Press.

Jasper, D. (2004). *A Short Introduction to Hermeneutics*. Louisville, London: Westminster John Knox Press.

Karczmarczyk, P. D. (2007). Gadamer: Aplicación y comprensión. La Plata, Buenos Aires, Argentina: Editorial de la Universidad

Nacional de La Plata. Recuperado el 30 de octubre del 2014, de http://www.memoria.fahce.unlp.edu.ar/libros/pm.17/pm.17.pdf

Klein, W.W, Blomberg, C.L., y Hubbard, R. L. (1993). *Introduction to Biblical Interpretation.* Nashville, Tennessee, EE.UU.: Thomas Nelson, Inc.

Long, V. P. (1994). *The Art of Biblical History.* Grand Rapids, Michigan, EE. UU: Zondervan.

Longman, T. (1987). *Literary Approaches to Biblical Interpretation.* Grand Rapids, EE. UU: Academic Books.

Longman, T. y R. B. Dillard (2007). *Introducción al Antiguo Testamento.* (J. M. Blanch, trad.). Grand Rapids, EE.UU: Libros Desafío.

Lot, F.F. (2002). La globalización: ¿Una amenaza para el ser humana? *Spiritus* 43, 1, 101-110.

Lyotard, J. F. (1987). *La condición postmoderna: Informe sobre el saber.* (M. Antolín Rato, trad.). Buenos Aires, Argentina: Ediciones Cátedra, S.A.

Loytard, J.F. (1999). *La posmodernidad (explicada a los niños).* (E. Lynch, trad.). Barcelona, España: Gedisa.

Luján Salazar, E. (2004) (Comp.). *Interpretación, analogía y realidad.* México, D. F.: Universidad Autónoma de Aguascaliente.

Maceiras, M. y Julio Trebolle (1995). *La hermenéutica contemporánea.* Madrid, España: Ediciones pedagógicas.

Martínez Andrade, L. (2014). Dios sale del closet. Notas de teología indecente. Recuperado el 11 de julio del 2014, de http://www.circulodepoesia.com/2014/01/dios-sale-del-closet-notassobre-teologia-indecente/.

Mortensen, J. R. (2012). *Understanding St. Thomas on Analogy.* Lexington, USA: The Aquinas Institute for the Study of Sacred Doctrine.

Muñoz-Torres, J.R. (2002). Objetividad y verdad: Sobre el vigor contemporáneo de la falacia objetivista. *Revista de Filosofía* 27, 1. Recuperado el 11 de mayo del 2002, de http://www.revistas.ucm.es/fsl/00348244/artículos/RESF0202 120161A.PDF/.

Nacif Caram, J. y Kanahuati Rincón (Eds.) (1997). *Héroes de la verdad* (Christine F. de Conte, trad.). México, D.F.: Impreconfección, S.A.

Nietzsche, F. (1998). *Crepúsculo de los ídolos*. (Andrés Sánchez Pascual, trad.). Madrid, España: Alianza Editorial.

Nietzsche, F. (1994). *Así hablaba Zaratustra*. (Panamericana Editorial Ltda., trad.). Bogotá, Colombia: Panamericana Editorial Ltda.

Nietzsche, F. (s.f.). *El anticristo*. (P. González Blanco, trad.). México, D.F.: Gómez Gómez Hnos. Editores, S. de R. L.

Noriega Méndez, J. A. y Claudia Gutiérrez Millán (1995). *Introducción a la epistemología para psicólogos*. México, D.F.: Plaza y Valdés

Núñez, E.A. (2006). Paulo Freire: Educación bancaria y educación liberadora. *Kairós* 38, 107-119.

Ocaña Flores, M. (2014). La Nueva Reforma Apostólica y la Teología de la Prosperidad. El "Reino de Dios" como clave hermenéutica. En Martín Ocaña Flores, *Los banqueros de Dios* (pp. 168-194). Lima, Perú: Ed. Puma.

Orígenes de A. (2002). *Tratado de los principio*. En Alfonso Ropero (Comp.), *Lo mejor de Orígenes: Tratado de los principios*. (A. Ropero, trad.). Barcelona, España: CLIE.

Osborne, G. R. (2006). *The Hermeneutical Spiral: Comprehensive Introduction to Biblical Interpretation*. Downers Grove, Illinois, EE.UU.: IPV Academic.

Pannenberg, W. (1981). *Teoría de la ciencia y teología*. (E. Rodríguez Navarro, trad.). Madrid, España: Ediciones Cristiandad.

Platas Pacheco, M del C. (2004). La analogía como método de predicación jurídica a la luz de la tradición clásica. En Enrique

Luján Salazar (comp.), *Interpretación, analogía y realidad.* México, D. F.: Universidad Autónoma de Aguascaliente.

Pontificia Comisión Bíblica (1996). *La interpretación de la Biblia en la Iglesia.* México, D.F.: Ediciones Dabar, S.A. de C.V.).

Reyes Archila, F. (1997). Hermenéutica y exégesis: Un diálogo necesario. *Revista de interpretación bíblica latinoamericana,* 28, 9-36.

Reyes, G. (1997). El paradigma hermenéutico neoapostólico. Recuperado el 15 de agosto del 2013, de http://www.recursosteologicos.org/Documents/Paradigma_apostolico.htm.

Reyes, G. (1999). La interpretación poética y los acercamientos históricos críticos. *Kairós* 25, 53-77.

Reyes, G. (2008). Hermenéutica del poder: Foucault, Calvino, contexto y texto. *Anámnesis* 2, 125-165.

Reyes, G. (2015). *Hermenéutica posmoderna y hermenéutica bíblica,* http://www.amazon.com/dp/B00K94IX7E.

Reyes, G. (2009). Verdad y racionalidad hermenéutica analógica: Exploraciones e implicaciones para la interpretación del texto bíblico" *Kairós* 45, 81-108.

Reyes, G. (2011). Analogia e hermenêutica: Em busca de uma epistemologia analógica para o texto narrativo bíblico e sua teología. *Perspectiva Teológica* 43, 227-48.

Reyes, G. (2016). Epistemología analógica. Hacia una hermenéutica analógica del texto bíblico. *Kairós* 58-59, 237-259.

Ricoeur, P. (1978). La tarea de la hermenéutica. En F. Bovon y G. Rouiller (eds.) y J. S. Croatto (trad.), *Exégesis: Problemas de método y ejercicios de lectura* (pp. 219-243). Buenos Aires, Argentina: Aurora.

Ricoeur, P. (1981). *Hermeneutics & the Human Sciences.* (J. B. Thompson, ed./trad.). Cambridge, England: Cambridge University Press.

Ricoeur, P. (2000). *Del texto a la acción: Ensayos de hermenéutica II*. (P. Corona, trad.). Buenos Aires, Argentina: Fondo de Cultura Económica.

Ricoeur, P. (2003). *El conflicto de las interpretaciones: Ensayos de hermenéutica*. (A. Falcón, trad.). Buenos Aires, Argentina: Fondo de Cultura Económica.

Ricoeur, P. (2006). *Teoría de la interpretación: Discurso y excedente de sentido*. (G. Monges Nicolau, trad.). México, D.F.: Siglo xxi editores, s.a. de c. v.

Roldán, A. (2011). *Reino, política y misión*. Lima, Perú: Puma.

Romanenghi, E. (2006). *Interrogantes sobre el sentido de la historia y otros ensayos*. Buenos Aires, Argentina: Ediciones Kairós.

Sanabria, J. R. (1997a). Filosofía y hermenéutica. En J. R. Sanabria y M. Beuchot, *Algunas perspectivas de la filosofía actual en México* (pp. 25-86). México, México: Universidad Iberoamericana.

Sanabria, J. R. (1997b). Analogía y hermenéutica. En José Rubén Sanabria y José Ma. Mardones (comps.), *¿Tiene la analogía alguna función en el pensar filosófico?* (pp. 95-96). México: Universidad Iberoamericana.

Sánchez Cetina, E. (2006). *¿Qué es la Biblia? Respuesta desde las ciencias bíblicas*. Buenos Aires, Arentina: Ediciones Kairós

Schökel, L. A. (1992). *Apuntes de hermenéutica*. Madrid, España: Verbo Divino.

Sotolongo Codina, P.L. y C. J. Delgado Días (2006). Epistemología hermenéutica de segundo orden. En P.L. Sotolongo Codina y C. J. Delgado Díaz, *La revolución contemporánea del saber y la complejidad social. Hacia unas ciencias sociales de nuevo tipo* (pp. 47-63). Recuperado el 9 de marzo de 2008, de http://www.clacso.org.ar/bibliotecabiblioteca@clacso.edu.ar.

Stam, J. (2010). "Exégesis de telepredicadores". Recuperado el 20 de febrero del 2011, de http//www.juanstam.com/dnn/Blogs/tabid/110/EntryID/143/Default.aspx.

Stam, J. (2014). ¿Tiene Israel un derecho divino sobre el territorio que ocupa? Recuperado el 21 de julio del 2014, de http://www.kairos.org.ar/blog/?p=869.

Tamez, E. (2005). *Las luchas de poder en los orígenes del cristianismo: Un estudio de la Primera Carta a Timoteo.* Madrid, España: Salterrae.

Tamez, E. (2006). Biblia y espiritualidad. *Vida y pensamiento* 26,2, 33-42.

Thiselton, A. C. (2009). *Hermeneutics: An Introduction.* Grand Rapids, Michigan, EE: UU: W.B.Eerdmans, Pub. Comp.

Thiselton, A.C. (1992). *New Horizons in Hermeneutics: The Theory and Practice of Transforming Biblical Reading.* Grand Rapids, Michigan, EE. UU: Zondervan.

Thiselton, A. C. (2001). Los estudios bíblicos y la hermenéutica teórica. En John Barton (Ed.), *La interpretación bíblica, hoy* (pp. 120-139). (J.P. Tosaus Abadía, trad.). Santander, España: Salterrae.

Touraine, A. (1994). *Crítica de la modernidad.* (A.L. Bixio, trad.). México D.F.: Fondo de Cultura Económica.

Trevijano, R. (2004). *Patrología.* Madrid, España: BAC.

Trías, E. (2001). La superación de la metafísica y el pensamiento del límite. En G. Vattimo (ed.), *La secularización de la filosofía: Hermenéutica y posmodernidad* (pp. 283-29). (C. Cattroppi y M. N. Mizraji, trads.). Barcelona, España: Editorial Gedisa.

Vattimo, G. (2002). *Diálogo con Nietzsche: Ensayos 1961-2000.* (C. Rivera, trad.). Buenos Aires, Argentina: Paidós.

Walhout, C. (1999). Narrative Hermeneutics. En R. Lundin, C. Walhout y A. C. Thiselton, *The Promise of Hermeneutics* (pp.

65-131). Grand Rapids, Michigan, EE. UU: Wm. B. Eerdmans Pub. Co.

Wendt, E. M. (2000). Aproximación al tema de la verdad hermenéutica post-epistemológica. *Espacio* 127, 5. Recuperado el 2 de mayo del 2008, de http//www.instituto127.com.ar/Espacio127/05/n5nota08.htm.

Zegarra, R. (2011). ¿Una teología indecente? Breve comentario sobre la retórica de la transgresión. Recuperado el 16 de julio del 2014, de http://sagradaanarquia.wordpress.com/2011/11/21/una-teologia-indecente-breve-comentario-sobre-la-retorica-de-la-trasgresion.

www.ingramcontent.com/pod-product-compliance
Lightning Source LLC
Chambersburg PA
CBHW071727090426
42738CB00009B/1900